爱和独立

如何培养独立自主的孩子

[美] 埃莉莎·麦德哈斯 ◎ 著
刘申静 ◎ 译

古吴轩出版社

中国·苏州

图书在版编目（CIP）数据

爱和独立：如何培养独立自主的孩子 / (美) 麦德哈斯 (Medhus,E.) 著；刘申静译. — 苏州：古吴轩出版社，2015.10
ISBN 978-7-5546-0411-3

Ⅰ.①爱… Ⅱ.①麦… ②刘… Ⅲ.①家庭教育 Ⅳ.①G78

中国版本图书馆CIP数据核字(2015)第023791号

RAISING EVERYDAY HEROES:PARENTING CHILDREN TO BE SEL-RELIANT

by DR. ELISA MEDHUS

Copyright:© 2004 by Elisa Medhus

This edition arranged with SYLVIA HAYSE LITERARY AGENCY through Big Apple Agency,Inc.,Labuan,Malaysia.
Simplified Chinese edition copyright:
2015 Beijing Xingshengle Book Distribution Co.,Ltd.

All rights reserved.

责任编辑：徐小良
见习编辑：顾　熙
封面设计：尚世视觉

书　　名：	爱和独立：如何培养独立自主的孩子
著　　者：	[美] 埃莉莎·麦德哈斯
译　　者：	刘申静
出版发行：	古吴轩出版社

地址：苏州市十梓街458　邮编：215006
Http：//www.guwuxuancbs.com　E-mail：gwxcbs@126.com
电话：0512-65233679　传真：0512-65220750

出 版 人：	钱经纬
印　　刷：	固安县保利达印务有限公司
开　　本：	710×960　1/16
印　　张：	15.25
版　　次：	2015年10月第1版　第1次印刷
书　　号：	ISBN 978-7-5546-0411-3
著作权合同登记号：	图字10-2014-523号
定　　价：	32.00元

如有印装质量问题，请与印刷厂联系：010-64926437

谨以此书追念南希。

这本书是为你而写的,亲爱的。

我们所能给孩子的，
只有两份可以持续长久的遗产：
一份是根，另外一份是翅膀。
——小哈丁·卡特（Hodding Carter Jr.）

关于作者

埃莉莎·麦德哈斯博士是一位经验丰富的医生，在得克萨斯州的休斯顿成功地经营着一家私人诊所。她繁忙的诊所为成千上万的家庭提供了服务。同时，她也是五个孩子的母亲，并且五个孩子中有几个面临着特殊的挑战，如抽动秽语综合症、注意力缺乏症、学习差异和强迫症。

几十年养育孩子的经历、多年在家进行教育的经历，以及多年家庭医生的经历，使得麦德哈斯博士拥有独特的资格去表述家长的担忧。

在过去几年中，麦德哈斯博士开始注意到孩子们——包括她自己的孩子——似乎更多地受到了同龄人以及流行文化的影响，而不是自己父母的影响。看到这些给家庭、孩子、学校以及社区带来的负面影响后，她着手进行了漫长的采访，试图确定这种破坏性现象的原因。根据采访的结果以及她自身的专业经验，她决定为孩子们提供他们做选择时需要的方式——自己的是非观对选择的支配而不是他们对认可的需要——那些影响将不再有权利支配他们，并且这时家长不再落伍，孩子们能为自己思考，这个世界也成为更加安全和理性的地方。在她的第一本书《培养为自己思考的孩子》（*Raising Children Who Think for Themselves*）中，麦德哈斯博士详细地解释了上述概念，并且为培养自主的孩子以及创造自主的世界提供了实践方法。这本书获得了众多极具声誉的大奖，如父母选择奖（Parents' Choice Award）、美国国家亲子中心奖（National Parenting Center Award）和美国国家亲子书出版金奖

（National Parenting Publications Award）。这本书在各大书店和网上书店都有售，已经被翻译成了四种语言。在她的第二本书《无心的坏话，会影响孩子一辈子》（*Hearing Is Believing: How Words Can Make or Break Our Kids*）中，麦德哈斯博士认为看起来无心的话语，如"你真是一个好女孩"，都会使得孩子追求别人的认可，或者阻挠他们逻辑能力的发展，或者同时造成上述两种情况。随着时间增长，孩子会变得越来越不愿意相信父母的指导，而是维护自己的价值观。通过揭露可能有害的词语和话语——许多可能会让读者吃惊——这本书建议改变语言，只是简单地陪伴和提供建议。

作为有名的主讲嘉宾和电视、电台嘉宾，麦德哈斯博士经常讨论现代家庭面临的事情和问题。

前言

我清清楚楚地记得在我决定要写这本书的那一天所发生的事情。我十几岁的女儿中的一个递给我一封她想寄出去的信。难道她不知道如何贴一下邮票——勇敢地把邮票按在信封的右上角,然后直接把信封扔到邮箱中吗?又或者她刚刚摔断了腿,而正好没有和我提及?

不到一个小时之后,其中一个孩子的朋友,一个身高6英尺4英寸、体重195磅的17岁男孩儿大步走进厨房,脸上带着迷茫而空洞的表情站在我面前。懵懵懂懂地停了一下后,他问道:"我渴了,怎么才能弄到喝的东西?"

请注意,这个孩子已经在我家进进出出至少有两年了。实际上,他几乎已经是我们家的一员了,去年圣诞节的家庭照片中也有他的身影。在过去的两年中,他曾经无数次地翻过我家的冰箱、食品储藏室,甚至于厨房的每个抽屉和餐柜。现在,我觉得他至少应该可以为每个地方画一幅地图,采用人脑GPS坐标对里面的东西定位。

我觉得很吃惊——实际上是很悲哀,这个几乎已经是成年人的男孩儿在口渴的时候却不能满足自己。我不知道自己该用同情还是不相信的目光看待他。所以,我同样回以他空洞的表情,用手指了指曾经、现在,甚至哪怕将来有一天这座房子变成未来考古学家的挖掘场后也一直会放杯子的橱柜,然后又告诉他已经重复了上百遍的话——喝的东西在那里放着。

我自己嘀咕起来："两个小时内出现了两个不可救药的孩子，这怎么可能？"最终，我耸了耸肩膀，决定不理睬这种古怪的命运转折而继续自己世俗的惯例杂务。但是感谢我敏锐的洞察力，我在那一整天里注意到这一道闪电将一次又一次地击中我。

我12岁的孩子需要帮助，才能让订书机顺利工作而不会卡住；我9岁的孩子找不到自己最喜欢的那一条裤子——可能被FBI当作生物恐怖武器没收了；我8岁的孩子需要帮忙挑选她的早餐；我16岁的孩子想要一只特别的钥匙扣别在背包上，但她不知怎样才能找一个；我15岁的孩子不知道如何联系技术支持解决她的新电脑出现的问题。孩子们在指望着我吗？我哪里出错了？

所以我开始观察其他孩子的表现，在学校、在公共场所以及在邻里之间。在几个月的时间里，我问了几十个孩子是否知道如何煮鸡蛋、如何把要洗的衣服分类、如何修剪草坪、如何指路、如何问路、如何平衡支票账簿，以及如何完成生活中的其他实践活动。

我发现他们缺乏处理适合他们年龄的事情的能力，于是我向各种专家进行了求证，包括老师、儿童心理医生、代沟专家、学校顾问、中小学校长以及育儿顾问。我也跟其他日常生活中与年轻人打交道的人们进行了谈话，例如校园及城市警官、征兵官、大学招生负责人、员工主管、人力资源经理、祖父母，当然也包括其他父母。最终，我们一起得出了这个令人担忧的结论：和我们这一代相比，现在与我们当时相同年龄的孩子缺乏自力更生的能力——实际上，他们无药可救了！

是什么阻挡了孩子的发展？要怪他们的父母吗？是否我们过度地解救和庇护他们了？是否我们还未准备好让他们像成年人一样生活？在审视自己行为的时候，我发现自己有无从辩解的愧疚。我要求孩子们做的日常事务仅仅限于呼吸和放屁而已。在帮助他们完成家庭作业时，我曾替他们回答过一些数学题——至少到四年级，他们的分数开始急转下降。是的，我就是那个替他们收拾烂摊子、为他们做学校午餐、帮他们解决冲突、帮他们脱离错误，还有，实际上替他们过着他们的日子的人！——毕竟，这样比尝试着让他们自己去完成更容易些！

我的大部分朋友也都很愧疚。据我所知，几位父母一手包办地帮孩子完成读书报告，构建模型，设计和完成科技展览作业，以及书写申请大学的论文。他们同样也为孩子们解决各种麻烦。不久前，一位十几岁的邻居男孩在酒后驾车，撞坏了自己的汽车。他的父母不仅与负责逮捕的警官争吵，并且还支付了维修费，一直开车送他去上学，直到汽车修理好了。我还知道几位父母觉得威胁老师——甚至大学教授——也没什么大不了的，要求他们给自己的孩子比应得的更高的分数，以及比应做的更少的功课。

透过所有的观察，以及从我自己作为医生和五个孩子母亲的角度出发，我得出了这样的结论：成年人将孩子解救出挫折的趋势持续上升，例如需求、责任、人际冲突、烦恼、自我评估、冲突、挑战、解决问题以及选择不慎造成的后果。

诚如所见，本人也一样，我原以为出自爱与慈悲的无私母性行为，现在让我有着无法言说的愧疚。当然，保护孩子远离伤害的愿望对任何一位用心良苦、慈爱的父母来讲，都是一种自然，甚至让人羡慕的意图。保护下一辈是我们的本能之一。想象一下母狼为了保护幼崽免于遭受危险而牺牲自己的画面，您就可以想象得到这世界上每一位父母的关爱，包括我自己的。尽管出于这样一种高尚的基础，但这种育儿方式的危险后果——显而易见不是故意的——是从各种冲突中被解救出来的孩子不能掌握自己解救自己的能力。

实际上，我们得到了和我们想要的相反的结果。现在许多年轻人都已成年却对生活准备不足，许多人无法应对挫折，许多人缺乏创造性解决问题以及实践、自我管理的能力——更不用提简单的常识了。很多人不愿为他们的行为承担责任。许多人通过别人，尤其是同龄人的眼睛，构建自己的身份，建立自我价值，不管高或者低。许多人放弃道德而采纳"有条件的道德"，如果这对他们有价值，或者因为"其他人也这样做"，或者他们认为自己不会被抓住，就会觉得可行。许多人对权力有着夸张的感觉，以及对自己的将来有着不切实际的期待。

简而言之，现在许多年轻人——人数接近8000万——在缺乏基本能力或可靠内在引导的情况下生活着。他们始终依靠外界的灯塔指引。因此他们的选择都是由外部控制的，也就是说，他们是由外界的标准和期待打造出来的，而不是由他们自己的个人经历、需求和原则以及自己内心对是与非的判断而形成的。

况且他们也从来不缺乏来自外界的意见。西方的孩子们承受着外部消息持续不断地轰炸——来自歌词、电影、电视节目、互联网、广告、同龄群体以及其他资源。所有的这些信息都告诉他们应当是谁，他们该如何表现，他们该穿什么，他们该喜欢什么样的音乐，他们的体重该是多少，他们该吃什么样的食物，以及他们该服用什么样的药。公共议题（Public Agenda）在2002年做的一个调查表明，79%的父母声称在今天海量的有害信息包围下，养育孩子变得比以往更加艰难。实际上，大多数人认为"尝试保护孩子远离负面社会影响"的挑战，比"尝试挤出足够的时间和家人相聚在一起"或"尝试处理好账单和生活费用"更大。

最令人不安的不是这些信息所表达的态度或价值——或正面或负面，而是现在很多孩子对它们不动脑筋地做出反应。他们成为了人生棋盘上的棋子，被大众意识随心所欲地从一个格子移动到另外一个格子，而不是自己选择移动的棋手。

很少有人想知道为什么很多孩子不能采取负责任的行动。那是因为他们并没有机会去练习必需的能力。如果他们在自己家里安全的环境中，在父母的警觉和关爱的目光下没有机会练习，那么，当他们走出家门，需要依靠自己的时候，则会承担更大的风险去做出决定。而这个决定可能会导致危险甚至灾难性的后果。

来看一下现在孩子们心目中的"英雄"：摇滚明星、体育明星、电影明星甚至反面人物。其自主不是由勇气、诚实以及爱心来定义的，而是由其形象、声望、银行账户的数目、犯罪记录的长度，以及他们被记载在《国家询问报》（*National Enquirer*）上的次数来决定的。我发现这多多少少让人觉得心烦，因为英雄是我们最终向往成为的那个模范。这就是说，孩子们现在并不向往英雄身上存在的高尚品格。沙奎尔·奥尼尔和艾薇儿·拉维妮可能是社区的栋梁，但是孩子们并不会因此崇拜他们。孩子们这样做是因为在过去的五十年中，社会对成功和道德的定义已经发生了变化。英雄们，如多产的发明家托马斯·爱迪生，勇敢的飞行员米莉亚·埃尔哈特与查尔斯·林德伯格，高贵的运动员克努特·罗克尼与杰西·欧文斯，公民权利活动家马丁·路德·金，以及人道主义者阿尔贝特·施韦泽，因为愿意为大局冒险并牺牲小我，承受批评、质疑和嘲笑，坚持走充斥着失败和挫折的道路，做他们认为是正确而光荣的事情，在这样的过程中提高了素质。

但现在人们通过表面定义成功，孩子们崇拜的英雄们拥有部分或者全部这样的特征。他们的崇拜感并不是来源于品质特征，如诚实、勇气、毅力和牺牲，而是来自于对成功的新定义。

除了追求成为完美家长，我们成年人也不得不为自身完美而努力：减轻体重，晒黑皮肤（不知为什么看起来没有皱纹），保持银行账户平衡，让房子足够大，以及物质财富要丰富。仿佛这还不是难以完成的任务，社会要求我们在这个时代为这样的完美而奋斗，这个时代的时间是一种稀有物品。我们必须时刻在事业成功和抚养孩子成功之间做出选择。我们必须时刻警惕走育儿捷径以避免造成不便或过度紧张。更糟糕的是，我们同样也面临着一个强劲的敌人：波涛汹涌的流行文化和媒体正影响和淹没着我们的孩子、我们的家庭和我们自己。

我们作为父母要想方设法保持头脑清醒。我们应像英雄一样跟不利于我们的因素战斗，而诚如我们所见，这些因素早在几个世纪以前就已经生根发芽了。

下一代代表着我们的未来。当文化影响不可避免地渗透到这一代孩子的生活中时，问题变成了文化将如何影响我们的孩子——我们未来的主人翁是否有能力经营家庭、经营生意和经营政府？

幸运的是，现在做出改变还为时不晚。这就要求我们做出两个方面的调整。

首先，我们要重新定义自主的概念。英雄不应该是靠某项体育活动赚取百万美元，然后作好犯科，知道他的团队可以帮他摆脱困境的人。英雄难道不应该是选择做正确事情，不管这是不是意味着不愉快、令人恐惧或者困难的人吗？英雄难道不应该是愿意在批评、嘲笑以及拒绝中逆流而上，因为他们知道自由言论是一种不可剥夺的权利的人吗？英雄难道不应该是那些愿意接受许多道德选择的人吗？英雄的这种定义似乎不是现在许多孩子们选择的定义。

其次，作为成年人，我们需要识别出内心的英雄——在每个孩子的心中都有无限的潜能。他们带着无限的想象力、对生命永恒的热情，以及没有不可跨越的障碍的信念来到这个世界上。但随着时间的推移，孩子们潜能中的消极、偏执以及经常存在的不自信抑制了他们的内心英雄，夺去了他们完成大事的气概。

我可以从铁链的束缚中解救出内心的英雄吗？就如同赫拉克勒斯救出普罗米修斯一样。而我们最终的任务，也就是本书的精华，是使家长可以培养自力更生的孩子——值得我们尊敬的孩子，作为其他人行为榜样的孩子，而不是企业化、千篇一律、贪图享乐的泛泛之辈。

我们，可能是第一代可以扭转几十年媒体轰炸所建立的局面的人。为什么？因为我们愿意为我们的孩子做任何事情。我们对年轻人的奉献，我们强烈的责任感，我们开放的思路，我们集体行动的能力，使我们可以胜任教育孩子们的任务，把他们带领到更宽广的路上。

在本书中，你可以找到对每个环境都有用的方法和建议：家庭、学校、工作场所、社区甚至是整个社会。有句俗语说得好："抚养一个孩子需要整个村子的力量。"如果我们在这个目标下团结起来，就可以抚养出对自己真正负责的一代孩子——不仅对他们自己负责，也对他们的世界负责。

构建一个其居民可以根据对错自由选择，而不是其他人认为可接受的世界，将是第一步。这个由自主公民管理的社会，是我们的孩子应该享受到的社会。

致 谢

我最最衷心地感谢我的父母,约瑟和杰奎琳·瑞博拉斯。感谢你们出现并鼓励我身上的独立性。如果没有你们的信任和洞察力,我可能会坐在公园的长凳上剪纽扣上的线头,而不是像现在一样从事令我深深震撼的事业。

我还想要表达我对同辈父母们的谢意和尊重。如同我一样,你们也花了非常多的时间担心自己孩子的需要,甚至被他们的需要所困扰。我们在充满蒸汽的浴室里摇着咳嗽的婴儿直到霉菌从每个皮肤的褶皱中钻出来;我们冲到学校去亲吻和揉搓攀登架给他们造成的小伤害;我们手脚并用趴在地上,疯狂地寻找棉花包裹着的小口袋龙,如同它就是圣杯一般;我们从车内的杯架中挖掘出橡皮熊,清扫出蒲式耳的饼干屑;我们为他们系上百万次的鞋带。当我们的孩子进入青春期后,我们也一直在陪伴着他们。

我从内心和灵魂深处感激你们想成为孩子最好的家长,因为正如你和我都了解的,没有其他任何工作让我们这么在乎了,没有其他任何工作可以为人类的未来带来如此大的影响,没有其他任何工作更值得我们付出自己的心血、汗水和眼泪。

我也要把自己最衷心的感谢献给那些不知疲倦地为这项工程工作的人,是你们把顽石变成了闪闪发光的钻石。劳拉·福斯特,编辑界的最高指挥官,请接受我深深的谢意,不仅因为您的专业知识和职业精神,还因为您在我像失控的列车一般偏离轨道时——我经常有这样的倾向——能及时提出建议。辛迪·布莱克，我最耐心的出版商，您一定受够了我接二连三的充满焦虑的电子邮件，以及和一个还处在学习曲线上升阶段的作者手拉手。马文·摩尔，伊丽莎白·莫罗·麦肯齐，比尔·布朗森，西尔维娅·海耶斯，理查德·科恩，詹妮弗·安吉拉，朱莉·斯泰格·沃尔特，没有你们的话，这本书不会是现在这样。

我也要向这个领域的专家表达我深深的敬意，你们都愿意分享自己的洞察力和专业知识：乔治·德内、阿尔法·科恩、克莱尔·雷恩斯、戴安娜·楚克曼、皮特·伊诺霍萨、格温·弗朗西斯、弗吉尼亚·雷科、戴安娜·哈斯金斯、维维安·埃伯哈德、琳达·里德、温迪·安德鲁、薇诺娜·爱默生、贝弗莉·麦克丹、尼尔、伊期·库恩、查克·布劳纳警官、戴夫·巴尔博警官、乔治·佩特、莉斯·克罗尼克、安妮特·格里菲思、波莱特·海托华、安娜·诺林、内莎·萨克塞纳、温·永仲、丹尼亚·泰晤士、凯西·巴斯克斯、凯利·沃克，以及所有选择不留姓名的人——你知道自己是其中的哪个！是你们帮助家长、教育者以及孩子们铺设了通向更美好的未来的路。

第1章　重新定义自主 …………………………………………… 1

第2章　认识每个孩子身上的自立性 …………………………… 5

第3章　影响孩子前进的障碍：外部影响 ……………………… 13

第4章　影响孩子前进的障碍：父母面临的挑战 ……………… 27

第5章　影响孩子前进的障碍：被迫 …………………………… 47

第6章　培养独立自主的孩子 …………………………………… 59

第7章　重新审视我们作为家长的作用 ………………………… 65

第8章　建立激发孩子独立自主的家庭身份 …………………… 91

第9章　建立与孩子的师生关系 ………………………………… 97

第10章　指引孩子长大成人……………………………… 155

第11章　家庭之外：社会如何参与……………………… 197

结　论 …………………………………………………… 215

参考文献 ………………………………………………… 219

第1章
重新定义自主

男孩没有必要非得上战场才能成为英雄；
当他看到馅饼不够吃的时候，他可以说自己不喜欢吃馅饼。

——艾德·豪（Ed Howe）

诚如我们所见，如今英雄的品质已经发生了严重变质。直到几十年前，我们的英雄还是勇敢面对未知世界的人，他们冒着死亡或遭受公共羞辱的危险，不怕牺牲。他们所完成的事情大多是为了人类的利益，而不是以自我为中心的需要。

在过去的五十年中，大众传媒文化对人们的态度、价值观以及优先考虑的事的影响越来越严重。比起引人注目的过度曝光，安静的英雄在电视上的表现不尽如人意。正因为如此，我们对英雄的定义发生了重大的变化。现在，我们的孩子们崇拜富有的表演者们，他们换配偶的频率和换内衣一样快。孩子们仰慕有犯罪记录和毒瘾的音乐家和运动员。孩子们把电影角色当作偶像，这些角色的才能是白天杀戮，晚上到处滥情。他们用最玩世不恭的态度、最荒诞的收入、最下流的言语以及对人类生命最大的轻贱颠覆了传统。对于许多当代英雄来说，他们的人生座右铭似乎就是"吸毒、喝酒、及时行乐，明天……好吧，明天在我的住处再见，然后从头再做一遍"。

英勇，换句话说，在今天常被定义为一个人拥有什么，而不是他或她是怎样的人，他或她可以做什么让这个世界变得更美好。这些英雄们拥有什么？金钱、名誉、运动才能或者形体美。而正因为这样，他们经常被默许打破规则，跨越道德规范。

但是才能并不能成就一个英雄，而美丽也不应该等同于美德。因此在我们将孩子们养育成英雄之前，我们需要从一个更加健康、不贪图享乐的角度去重新定义英雄。

英雄应该是可以为大局牺牲自己利益的人。英雄应该是日复一日做他们认为对的事情的人，不管有没有观众，不管有什么样的诱惑，不管有什么样的借口，不管自己的选择是多么不受欢迎或者可能会引起外界什么样的反应。并且，他们是为了正义去完成对的事情，而不是为了获得品行积分或者特别的关照。

真正的英雄不仅仅是会冒着生命危险拯救他人的人，也是任何为坚持对的事情，如名声、自尊、友谊、信任、金钱、乐趣以及机会，不计较个人得失的人。简而言之，英雄被自己的荣誉感所指引，而不是最省力的途径和最大的即时回报。

我总是能在不经意间遇到平凡的英雄。不久前的一天，我在拼车道上等待接13岁的儿子时，看见了丹尼尔，一个七年级的学生，他基本上打破了所有的中学生时尚规则。首先，他拖着自己的乐队乐器，仅此一点就会被其他中学生们所唾弃。他难道不知道他应该像中情局的特工一般把乐器箱隐蔽地带回家吗？再来看看他的穿着，一件半袖格子衬衫，扣子一直扣到脖子，下摆被塞到一条没有皮带的裤子里，而裤脚刚刚到脚踝。在脚踝处，是一双白色的鲜果布衣水手袜，袜边上是红蓝相间的条纹。更令人意外的是，他穿着一双崭新的乐福鞋。尽管如此，丹尼尔带着灿烂的笑容，迈着自信的步伐前进，并和每一个路过的人打招呼。

我非常想冲上去解救他，再给他一个母亲般大大的拥抱，但我很快发现了这是多么没有必要。因为他把受到的嘲弄当作无关紧要的事情一样不屑一顾，继续自信满满地往前走。在指指点点、推搡和嘲弄中，我们的新英雄停下来，帮助一位六年级的学生捡起由于跌倒从背包中撒落的东西。稍后，我还听见他问那位更小的男孩是否没事。

这是否意味着英雄就需要携带一支萨克斯管，或作为一个挑战时尚的书呆子？当然不是。

真正的英勇仅仅是勇敢地面对每一天，不管任务有多么世俗或者不被人认可。这意味着要日复一日地运用你所拥有的，尽自己的全力去完成，做出道德和负责任的选择。丹尼尔用他自己的特质向我展示了这种英勇，这正是我想激发自己的孩子去拥有的——成为平凡英雄的特质。

第2章
认识每个孩子身上的自立性

我们并不是需要更多的光,而是要学会如何去运用我们已经拥有的光。

——和平朝圣者(Peace Pilgrim)

从生下来的那一刻起，孩子们就将自己作为了一种最特别的生命。毕竟，谁能看着婴儿的笑脸而不满脸笑意呢？婴儿的笑脸和幸福的目光可以让我们看到这个孩子灵魂的最深处——这个灵魂还没有被层层防护和痛苦所掩埋。这个灵魂是如此真实，如此纯洁，让我们禁不住对它展开笑颜。

随着孩子们的成长，他们开始探索周围的环境，并与之互动。起初，他们对威胁或限制视而不见，觉得世界上没有他们不能拥有或者不能做的事情。他们认为没有界限。但这种无忧无虑的情绪并不会持续太长时间。孩子们很快就会发现周围存在着限制他们的威胁和障碍。有时候他们天生就能获得这方面的知识。当他们伸手去触摸蜡烛的火焰时，灼伤感会让他们收回手指头，他们就会明白火焰会造成疼痛。

由于父母的职责之一就是保护孩子，所以孩子们经常通过我们的教导获悉各种事情，而不是通过他们自己的亲身体验。看着自己的孩子伸手去触摸火焰，大多数人的反应是轻轻地将孩子的小手拍走，说"不可以"。但如果我们允许孩子自己感受，他收到的信息会更加强烈，更加清楚。并且，他是通过自己的感受获得这个信息，而不是其他人施加给他的。最后，这个孩子的学习经历会比通过大人的警告而获得信息的孩子的学习经历有效得多。

无论是哪一种方式，孩子们都将培养自己的意识：世界上什么是可能的而什么又是不可能的，什么代表着危险而什么又是安全的，什么会在他们的路上造成障碍而又是什么会打开门。被允许在合理安全的范围内探索周围环境的孩子对什么是可能的有一种真实的观点，因为他们的观点是来自于自己的亲身体验，而不是来自其他人理性或不理性的恐惧和规定。远离不合理的限制，孩子们才能自由地认知他们自己真正的潜力。

从另一方面讲，被阻止探索世界的孩子倾向于根据其他人的认知形成对周围环境的看法。他们被教授的东西有一些是准确的，有一些则不是。这些被不合理的借口和过度保护限制的孩子，从来不被允许发现自己的潜力和遵循自己的意愿。以年轻人为中心的文化，其副作用是许多孩子没有机会去弄清楚他们自己到底是怎样的人。

孩子们天生就能做很多事情，远比我们意识到的多。一个普通的10岁男孩，在对其提供一些指导和帮助后，可以完成整栋房子的粉刷工作；大多数13岁的孩子在指导下可以完成一种有销路的发明，并可以成立公司去销售它；9岁的孩子可以修剪草坪；8岁的孩子可以为全家人准备晚餐；7岁的孩子可以为兄弟姐妹做海姆利克氏急救；8岁的孩子可以从着火的房子中抢救出婴儿；11岁的孩子可以照顾卧床不起的父母。

孩子们可以为世界带来不同的意义，没有必要在他们长大成人之前帮他们逃避责任。家长可以做的全部就是为孩子们提供合理的指导，经历成功和失败的机会，以及当孩子们决定移动高山时，对他们克服面前的障碍充满信心。

当今年轻人的力量

如果对当今年轻人所拥有的资本加以适当的培养，可以帮助他们激发全部的潜能。一部分力量是他们这一代人所特有的，而另一部分则比前辈们更加进步。在培养这些资本方面，社会经济和文化因素都发挥了作用。例如，出生在1974～1994年间的孩子在前所未有的盛世享受到了奢华的生活。这段平静的时期为文化转型做好了准备——转向一种空前的以年轻人为中心的时代思潮。

当然不会缺少统计数据来印证这种现象。根据营销信息供应商领军者NDP集团的数据，1996年美国的玩具销售额激增到227亿美元，2002年的玩具销售额几乎达到了330亿美元。在另外一项研究中，根据两位普渡大学从事旅游研究的学者报告，和过去相比，现在孩子们对家庭度假计划的影响越来越大。普渡大学酒店与旅游管理学教授艾雷斯泰·莫里森（Alastair Morrison）引用了美国旅游协会2002年《国内旅游市场报告》中的最新统计，"在过去五年中，差不多一半的美国成年人带着孩子去度假，五分之一的父母为全家出游让孩子向学校请假"。因此，拉斯维加斯已经扭转了自己的坏名声，营造出了一种有益身心的"全家人同乐"氛围。在男人们的卧室里，婴儿护理台已经替换了写有"想放松一下吗？请致电……"的牌子。豪华宾馆也更加以孩子为中心，如为孩子提供单独、有人监管的活动，甚至提供保姆服务。西方文化现在营造出一种对孩子友好的环境，而不再认为孩子是不可避免的灾祸或是多余的附属品。

正是因为这一点，现在对孩子的抚养已经发生了很大的变化。在我们小的时候，典型的家庭是缩小版的独裁帝国——父亲的角色是最高统治者，他的话永远不会受到质疑；母亲是父亲顺从的助手，也要服从他；而孩子们则是父亲的仆人，任务就是听从父亲的命令，达到父亲的期望。

从那之后，在抚养下一代方面有了一些积极的改变。比如，父母貌似比以前更加能融入到孩子们的生命中了，就连父亲的角色也发生了变化。以前父亲只有在晚上才和孩子们互动，也仅仅是做一些乏味的说教或者惩罚。而现在，我们可以看到爸爸和孩子们在街头玩曲棍球的身影。我在许多学校表演中也看到了爸爸们的身影，他们兴高采烈地录制孩子的表演，这种热情让人觉得是在创造历史。我也见过在探索乐园的滑道上，爸爸们带着护膝爬在蹒跚学步的幼儿旁边。爸爸们甚至会早点儿下班，穿着西装、打着领带坐在露天看台上，为孩子的垒球比赛加油打气。

妈妈们也更多地参与到孩子的生活中。在我小时候，我以为由于某些罕见的达尔文突变，妈妈天生就永远在腰间系着围裙，手上带着烹饪手套。她们的任务似乎应该是打理家务、为家庭准备晚餐和确保有一盘刚烤好的巧克力饼干在等待放学归来的孩子们。

如今妈妈们在教室、学校图书馆以及计算机室做志愿者。她们在复印机前忙碌，不厌烦地用塑料安全剪刀剪裁各种形状和字母，在学校节日里空荡荡的曲奇饼干装饰摊前站摊儿。现代妈妈身兼数职，是司机、导师、陪护、政治活动家、冲突调停者、知心朋友、拉拉队长、心理学家、学校联络人、儿童律师和执行经理。当我被安排到一个工作中，如烹饪、清洁或修补，我只能说："哈！"

在这些父母角色的改变中，最重要的是现在许多父母都精通儿童心理学的基本内容，因此，现在的孩子们拥有比以往任何时候都多的爱、支持和投入也不足为奇。也许正是因为如此，现在的孩子们似乎更加尊重权威，和父母的关系也更加融洽。

现在许多孩子都说他们认同父母的价值观。根据1999年《时代周刊》的调查，79%的孩子尊重他们的父母胜于他们生命中其他任何人，90%的孩子称他们与父母的关系很亲密。报告显示，与父母存在重大矛盾的孩子的百分比也持续下降。据艾尔弗雷德·斯隆研究，美国国家民意研究中心和芝加哥大学在20世纪90年代末对学生做了一项全国性的纵向研究。大多数十年级和十二年级的学生认为自己的父母爱自己，接受自己。几乎一半的学生心怀感激，认为父母是自己强大的支持。

对我们为人父母的文化转型的另一个鼓舞人心的回报是，这一代孩子拥有坚定不移的乐观心态、远大的志向和强烈的自尊心。根据1999年《美国周末》的一项青少年调查，52%的受访者认为当自己到了父母的年纪时，会比父母更加富有。当被问到30岁时自己期待的年薪时，他们的回答是7.5万美元（1999年30岁人群的平均收入是2.7万美元）。根据斯隆的研究，超过80%的父母高度支持自己的孩子获得大学学位、职业学位或者高级学位。根据尼尔·毫威和威廉·斯特劳斯（《千年一代：新世代》的作者）展开的一项名为"2000级调查"的结果，77%的孩子对自己的未来非常自信或有些自信。如果对他们的乐观和自信心进行评价，那么这些看法让他们像成年人一样。

随着经济全球化和随之而来的文化多样性，年轻人在某种程度上也发生了变化。许多年轻人生活在非传统的家庭中，如同性父母、单亲家庭、不同种族的父母、多代同堂的家庭，等等。因此，他们可能是最能容忍多样化的一代人。1999年的一项民意测验中，82%的青少年觉得自己可以完全适应和不同种族的人约会。在1999年《时代周刊》针对6～14岁青少年的一项调查中，90%的青少年声称自己有不同种族的朋友。

作为出生在数字时代的孩子，没有其他年代的孩子可以像他们一样达到如此的技术知识水平。当我的电脑崩溃时，我不再惊慌失措或用脑袋一下下地撞击显示器，因为作为电子高手的孩子们可以来帮助我。实际上，现在作为父母的一项额外待遇就是你从来不用学习如何安装软件、刻录光盘、用录像机录制节目。

作为知识渊博、无所畏惧的互联网冲浪者，现在的孩子们是精明的消费者。我不再订阅《消费者报告》（Consumer Reports），因为我可以在任何时候从自己十几岁的孩子口中获得购买任何东西的深度报告，从卫生间冲洗阀一直到垃圾处理机。现在孩子们是专家级的消费者，许多孩子经常指导整个家庭的购买行为。

电脑和西方文化的竞争意识为孩子们提供了比以往更多的选择。孩子们的生活像是一本"菜单"：数不清的娱乐选择、生活消费品、教育资源和信息。

出生于婴儿潮时期的人依靠理想主义的世界观、精神上的好奇心以及对团队精神和合作的倾向，原因是最新的一代人比以往更加擅长交际和有公民责任心。例如，许多孩子比上几代人更加渴望做志愿者。加州大学洛杉矶分校（UCLA）高等教育研究所1999年的《年度大学新生调查》显示，青年志愿者的比例在过去十年里达到了12%。这一调查也发现，70%的15~21岁的年轻人在他们生命中的某一阶段参与了社区的活动。根据一家美国市场调查公司青少年研究所（Teenage Research Unlimited）开展的"青少年营销和生活形态研究"，73%的年轻人认为自己所做的努力对社区的发展有正面的影响。

自从布什总统在2001年号召美国人奉献两年给志愿服务，和平队（Peace Corps）18~24岁的申请者就上升了18.3%。美国援教（Teach America）在招募应届毕业生去公立学校或农村学校教书方面，也报告了相似的增长。从2002年2月到3月，创立于1994年的国家服务计划——美国志愿队（Ameri Corps）的网上申请就增长了75%。

不知道是不是因为产前检查的进步、整体营养的提高，或教养因素的变化，许多专家都认为现在的孩子们变得更加聪明了。根据亚利桑那州立大学教育学院研究员和董事讲席教授大卫·柏林纳的说法，现在学生的智商值平均比他们祖父母那一代人高出14点，比父母高7点。实际上，智商值超过145的学生的总体比例是上两代人的18倍。

然而，正如下面三章所述，某些现在年轻人独特的属性是双刃剑。如果一个人没有抱负、没有创造性或没有常识，就算智商值为255也无济于事。尤其对于没有道德意识或道德意识很浅薄的人来说，高智商可能会产生适得其反的结果。作为家长，我们的工作是发掘孩子所拥有的力量和才能，使这些成为引导他们更加独立的工具，而不是打垮他们的武器。

第3章
影响孩子前进的障碍：外部影响

美国给我最深刻的印象是家长对自己孩子的顺从。

——爱德华八世（King Edward VIII）

如果孩子拥有很多能力，我们家长可以在一旁闲着、放松，看着自己的孩子肩负生活重担吗？在变得轻松之前，我们应该了解，孩子们的热情、抱负、自信心、乐观以及理想主义并不总是足以抵抗现实的碰撞。

举个例子，假设你轻快地走向门口，为可以和最好的朋友一起寻欢作乐一天而激动不已时，却在门口碰到你坏脾气的婆婆，她还带着一张苦瓜脸和三件行李，这可不是什么好消息。在这种尴尬的现实下，你的热情还能保持不变吗？我可以保证我的热情已经消失殆尽了。

这是我们经常看到的现在的年轻人发生的状况。当他们不再享受无忧无虑的生活和父母的培育支持时，他们的积极品质比婴儿手中的巧克力曲奇饼干更容易破碎。一旦"曲奇饼干"被弄碎了，就会变成一种阻止他们在现实世界中像英雄一样成长的不利因素。

现在的许多孩子握着破碎的饼干，更糟糕的是握着一把碎屑。根据公共议题（Public Agenda）在2002年所做的调查，许多美国人称他们对"现在的孩子们"感到失望。大多数人对青少年的描述是负面的，如粗鲁、不负责任和野蛮。大多数人认为现在的孩子缺乏基本的良好的价值观。比起两年以前，更多的人认为"没有形成良好的价值观，如诚实、尊重和负责任"是危害孩子最严重的问题,大多数人,包括成年人和青少年,都认为年轻人不能使美国成为一个更适合生活的国家。儿童和青少年专家、父母、祖父母,甚至孩子自己,都认为过多的关注和安逸带来的负面影响是产生了一大堆消极品质,这在孩子们中间变得越来越普遍。阻碍孩子们获得强大内心的消极品质有:

- 与他们年龄不相称的习惯性无助和依赖,以及由此造成的缺乏实践的能力。
- 缺乏必要的自省能力去解决问题,解决冲突,自我控制,创造性表达、想象,以及识别合理和不合理。
- 对自己和自己世界的现实缺乏正确的认识。前者减弱了他们的自我意识,因此他们对自己的真实身份感到困惑;而后者则促进了过分膨胀的权力感,导致以自我为中心、自高自大和对物质商品不健康的需求。
- 不能忍受挫折和无聊,无法有效地满足延迟,造成了成瘾行为。
- 缺乏自省能力、现实感、冲动控制、愤怒控制而造成了不恰当的冒险行为,对过去的错误和不当行为造成的后果缺乏了解。
- 忧郁、焦虑频发,饮食失调,体态失常。
- 缺乏责任感、职业道德和道德判断;道德抉择更倾向于根据条件,而不是根据真理。
- 胜利者或失败者心态导致的不健康竞争;这种心态以及对物质的嗜好,鼓励孩子们选择能带来财富和地位的职业,而不是远大的目标。他们经常缺乏平衡自己的抱负和教育期望,以及达到自己愿望的清晰的人生规划的逻辑能力。
- 过于流动的友谊对他们精心安排的生活造成了严重的伤害,以及缺乏自由的发挥，使他们的社交能力不足，如交朋友和维持友谊，解决人际冲突。

- 倾向于随意地顺应和屈服于来自于同辈人的压力。

我们不能失去信心！毕竟，并没有哪个孩子有所有上述的缺点，一些孩子只有一条或两条。很多孩子始终都能做出明智、负责的选择，但许多孩子没有做出明智的选择的事实，可能会对每一个前进中的人——成年人或儿童——的生活和未来产生深远的影响。

到底什么才是上述消极品质的关键？是遗传吗？运气吗？难道是——倒吸一口气——家长差劲的养育能力？其中涉及了很多因素，但罪魁祸首是所谓的外部影响：依靠外界而不是自己的客观理性去辨别方向。由于现在很多孩子倾向于根据外部压力而不是自己内心对是与非的理解去做出人生中重要的决定，因此他们自然不能应对挑战。

如果孩子们自己不能在生活中理解、欣赏和利用这些养育方式的改变带来的美好品质，他们怎么才能从这些品质中受益呢？这就需要清晰的自信和自省能力。这需要他们自觉过滤外部影响，而不是自己毫无目的地任凭这些影响控制自己做出决定，最终控制自己的人生。现在的孩子并没有拥有这样的能力。

我们的孩子是第一代在媒体驱动的世界中成长起来的人。这就意味着他们比以往的孩子面临更多的外部压力。你会发现，这些压力让孩子们更加困难地去客观思考自己的决定所带来的后果，更别提去辨别自己的有益品质了。这也难怪许多孩子没有开发和依靠内在"罗盘"——只不过是发生的事情太多了！

如果外部影响是现在的孩子们面临的问题的根源，是孩子们和自力更生之间的障碍，那么，外部影响的根源又是什么？外部影响问题的真实源头存在于我们最原始的人类属性当中，可以追溯到一千年以前。是的，我很高兴地报告——如释重负，这件事情并不是由我们开始的。但必须认识到这个根源很重要。因为只有这样，我们才可以审视自己怎样绕过外部影响才有助于开展和保持我们的养育实践，鼓励我们的孩子根据他们无法控制或有限控制的力量做出选择。

一旦我们对外部影响行为背后的力量有所了解，作为家长的我们才有能力去做出改变。一旦我们掌握了这些模式随时间发生了怎样的变化，我们就能更加肯定、更加自信地采取随后章节中推荐的简单而有效的养育方式。

外部影响的演变

与狼和其他群居动物类似，人类本能地渴望属于某个团体——感受到被其他人认可。在这种本能的驱使下，我们的行为与自身的原则和价值观关系不大，在定义上，是受外部环境影响的。当我们的内心灯塔很微弱或后天补给不足时，它就不能作为有效的工具指引我们，许多人会惊慌失措，甚至通过乞讨来获得认可。换句话说，我们遵循"群体"的标准和价值观，而不是创造并坚守着自己的。因此，每个人都根据社会等级秩序竞争最有力的位置，每个人都被划分为"成功者"或"失败者"。为保证自己的成功者身份，我们所有的选择都取决于满足自己被群体认可的需求，而不是我们自己的是非观。这样造成的结果是，有些时候要求我们把离自己内心最近的价值观放在一边，去迎合我们所追求的群体认可，不管这个群体是主流意识的还是亚文化群。

幸运的是，作为一种理性生物，我们有能力使自己的本能适应个人需求和价值。找到既满足我们内在（理性）需求，又符合外部（本性）需求的方式对平衡生活至关重要。比如，一个人可以通过创造特有的价值或发挥有意义的作用去赢得认可，这样既有益于他人，也满足了自己的个人原则。在这种情况下，群体认可的回报是一种愉快的副作用，而不是贡献背后的驱动力。

在"慷慨的自私"激励下，这些个体被"群体"所接受。也就是说，他们选择保护自己的利益。"自私怎样才算是一件好事？"在你们提问之前，请记住这里"自私"的定义与《韦氏字典》中的定义有所不同。"慷慨的自私"不会背叛价值观或原则，所以不让他人为自己牺牲。为什么？因为这样会让他们觉得不痛快。不愉快的心情显然不在他们的最佳利益之中。这就是说，慷慨自私的个体做出的选择，经常是被自己创造的良好感觉所驱动的，而他们的自我约束是避免产生不良情绪的产物。因此认可自己的群体认可被看作一种令人愉快的事后产物，而不是激励他们行为的诱惑。身体力行的慷慨自私与常规的自私不同，需要自我控制和敏锐的内心想法和感受。更重要的是，它需要坚定不移的自我诚实，以控制各种借口以及否定。

慷慨自私的人利用这种强大的内在意识从内部过滤和处理外部线索、标准和信息。因此他们会考虑到每个选择的利与弊，备选方案，以及可能的结果——但他们是通过有意识的控制来做出选择的，因此最终的决定是真实反映自我的。实际上，这样的人是自主的——平民英雄最典型的特点。英雄们将自己的逻辑果实，从过去经验中获得的教训，自己全部的力量和才能，以及自己的信念和价值体系作为内在灯塔，指引自己应对外部世界的影响，不管其有害或是有益。

教养方式的演变：从专制的独裁到擅长解救的民主

为遵从同龄人和流行文化指定的标准，孩子们承受着巨大的压力。他们是采用自己的内心罗盘，还是靠外部灯塔来应对这些压力，在很大程度上取决于他们的教养方式。在我们觉得自己罪孽深重，打算放弃抚养自己的孩子之前，我们必须谨记，所有的教养传统以及其本身固有的教养错误都经过了几个世纪的演变发展。因此，两者都和我们的文化紧密地联系在一起了。

在所有从前辈那里传递下来的教养错误中，有两个应对孩子所受的外部的影响负责，其阻止了我们的孩子们成长为他们有潜力成为的英雄。广义上说，我们犯了如下错误：（1）我们抚养孩子时，根据他们对外界认可的需求来塑造他们的选择，因此他们成了认可追随者；（2）我们扼杀了他们逻辑推理能力的自然发展。

当然，我们中的一些人放心地松了一口气，心想："就两个错误！没有我想的那么糟糕！"但愧疚感和为人父母的责任经常像连体双胞胎一样难舍难分。仅仅采用"错误的方式"养育孩子的想法就足以使我们愧疚不已。毕竟，我们很认真地对待着自己为人父母这件事情。在打电话给家庭治疗师要求急诊前，你要接受这样一个事实：这些错误的某些症状很常见，并且伪装得很好，以至于都不像是错误。最困难的是去修复一件看起来压根没有坏的东西。

在接下来的部分，你将彻底了解这两种类型的教养错误。当你了解之后，会更好地理解自己的教养行为、形成某些习惯的态度以及诱发错误的因素。你将了解到为什么一些育儿技术会导致外部影响以及随之而来的负面品质，某些战略如何阻碍孩子能力的发展，而这些能力对孩子在日常生活中养成自力更生的习惯至关重要。

你可能会问："为什么我要在意这些来龙去脉呢？就不能直接告诉我要做什么、怎么做吗？"

要解释我们为什么这样做，与我们的信念有关。如果我对你提出建议，当一个孩子调皮捣蛋时，逻辑推论比演讲有用得多，你可能会受到启发，转而尝试逻辑推论。但如果不明白为什么逻辑推论可行而演讲不可行，你就不可能完全相信逻辑推论会对孩子的行为带来正面的改变。没有这个信念，你可能很容易就回到演讲的旧方法上。我想，只有解释为什么我们作为父母要这样做，才能了解改变的需要以及我们该采用什么样的方法进行改变。

尽管儿童和成年人间的关系在漫长的历史进程中已经发生了深刻的变化，但这两种广义的错误的种类还保持不变。所有的传统教养都倾向于寻求认可，反对逻辑推理。因此，抛开其独特的方式、传统、态度、优点和缺点，每个教养时代都促进了年轻人的外部影响。让我们回顾一下前几代人。

在20世纪60年代，普遍认可的家长与孩子的关系为独裁式：父亲是家庭中专制的独裁者；孩子们是他顺从的属下；母亲则是养育孩子的管家，她的管辖权是有限的。这就意味着交流是成年人向孩子传递单向命令和意见，而不是相互对话。孩子严格遵照清晰的期望，包括各种价值观，如责任感、强烈的职业道德、为人正直和对长者的尊敬。

这一时期最大的好处之一是孩子们的空闲时间都花费在了自发的、无拘无束的玩乐上，在这方面没有大人的期望和命令约束。这就允许孩子们和兄弟姐妹以及邻里朋友间发展深厚而持久的关系。为孩子们掌握扎实的解决问题的能力、锻炼创造性、开拓想象力以及提升维持良好的人际关系必需的社交技巧提供了舞台，这些社交技巧包括合作、领导、让步、协商以及解决冲突。

尽管有空闲时间和父母的热切期望,孩子的成长仍然受到了外部影响,原因有两点:(1)他们出于害怕而不敢做出选择,如害怕家长的惩罚、批评或反对;(2)专政的教养方式,并没有很好地敦促孩子内在逻辑的发展。这种教养方式造就了婴儿潮一代的态度和行为。从他们军人一代的父母那里继承的对认可的强烈需求和坚实的工作道德,使得许多婴儿潮一代的孩子更执着于从金钱和事业的成功上寻求认可。

然而,事情也开始发生变化。1946年,斯波克医生出版了他有影响力的著作《斯波克育儿经》,鼓励家长倾听孩子的想法,把孩子当个体尊重,并允许孩子按照自己的步调发展。20世纪60年代西方正在进行一场文化革命,婴儿潮时期出生的人正好是十几岁的样子,喜欢在生活的各个方面进行边界测试,包括家庭生活。和当前流行的斯波克育儿方式一起,他们的尝试使得养育孩子的钟摆摆向另一个极端。作为年轻的父母,婴儿潮一代为开启我们现在享受的宽松的教养时代铺平了道路。过分强调倾听、解释和协商取代了指导和限制。

正如全世界范围内民主政府取代了集权政府,家庭范围内民主也取代了家长专制。当女人们开始维护自己的平等地位时,父亲们也不再是统治者(我的丈夫还在独自疗伤中)。自然而然地,僵化的传统结构也要做出必要的改变。但如果没有一个清晰的系统去取代它,家长们会产生动摇。随着父亲失去自己在家庭中不容置疑的权利,父母在孩子们面前也开始失去权威。

在这个反创立的时代,权威人物早不再流行,许多新父母不愿意设立界限并坚持执行规则。他们努力赢得孩子们的喜爱,而不是严格教养。简而言之,他们想成为孩子们的朋友而不是指引者。

由于过分关注财务成就,一些婴儿潮时期出生的人在事业面前忽略了婚姻和家庭。在很多家庭中,父母同时选择出去工作,因为这样可以积累更多的资本：更大的房子，更豪华的汽车，更多异国情调的度假。当婚姻遇到问题时，许多婴儿潮时期出生的人不会坚持去挽救它，而是选择离婚。这样导致的结果是，他们的后代40%由单亲抚养长大。

最后，在经济衰退时，家庭的压力急剧上升。双亲的且财务有保障的家庭消失了，只留下孩子们怀疑所有绝对事情的存在和神圣性。尽管这种怀疑是在抵制失望，但同时也造就了一代对权威和机构持冷嘲热讽、无动于衷、自怨自艾和怀疑态度的孩子。

"无父母照顾的一代"也被称为被遗忘的一代。他们没有遭受令人窒息的独裁监管。他们不得不自己从学校回家，照料自己，自己解决自己的问题，自己处理自己的错误。简而言之，他们像小大人一样生活。可能这就是为什么被遗忘的一代倾向于依靠自己，独立，是街头幸存者，习惯于且熟悉不确定和变化。但由于他们常常缺少可以将挑战转化为宝贵教训的关键支持和指导，许多人没有掌握生活中重要的能力，如怎样处理人际关系和解决冲突。

然而，这些孩子们有能力从他们父母犯的错误中吸取教训。亲眼看到尽管父母对工作很忠诚以及为获得事业上的成功而做出个人牺牲，但仍然活在被裁员和减薪的恐惧中，被遗忘的一代认识到了在工作和生活间寻找平衡点的重要性。他们了解生活比工作、财富和物质欲望更重要，并且也并不害怕去寻找财富。

出生在婴儿潮晚期的人，由于在20世纪50年代中期到60年代中期，生产力不那么先进，所以他们更加关注家庭。当经济再一次稳定并加快发展时，许多妈妈，同时包括婴儿潮一代和被遗忘的一代，选择在家里待着，因为她们可以负担得起，也因为这是当时社会认可的，甚至是令人羡慕的。但全职妈妈运动使我们更加以孩子为中心，更加有保护欲，更加坚定不仅要避免重复我们父母的错误，并且要养育健康的孩子的信念。

对自己放弃事业，待在家里照顾孩子的决定，许多妈妈心存戒备。原因是来自自己的自卑感和某些工作妈妈的不认可。因此，为达到与职业妇女同样的社会地位，享受同样的成就感，全职妈妈力求把教养孩子当作一项事业来做，其中包括成功的目标和指标。

大量的休闲、教育和其他亲子活动资源以及在孩子身上投入的充足时间，将这种新型的职业妈妈转化为今天这样侵入式、多重保护的角色。大家普遍的共识是现在父母与孩子相处的时间变少了。事实并非如此。根据2001年密歇根大学发表的研究，双亲家庭3~12岁的孩子，每周与妈妈相处的时间从1981年的25个小时上升到1997年的31个小时，与爸爸相处的时间从19个小时上升到23个小时。然而，这些多出来的时间大部分被消耗在结构化活动上了，而不是自由活动。正如本书下文提到的，取代了自由活动的结构化和计划活动进一步扼杀了孩子们的独立性和应变能力。

工作的妈妈们经常采用可以缓解她们愧疚感的教养方式。据我所知，有相当数量的父母试图通过间或递给孩子一张百元大钞、送给孩子大量的昂贵礼物或者采用宽松的管教方式来弥补没时间陪孩子的遗憾。

从20世纪90年代到现在，以青少年为中心的高度的家长参与性、亲子关系的民主化，以及我们文化中日益增长的竞争性为孩子们带来了很多的好处，但却没有能使他们受益的引导。

由于很多父母不情愿对自己的孩子运用权威，以及他们想和孩子成为朋友，这剥夺了父母的某些权力，如引导孩子和设定界限。许多家长错误地认为管教孩子的父母是不可理喻的暴君。

这种纵容加上工作任务的增加所带来的愧疚感，使得父母溺爱自己的孩子。在离婚家庭中，这种现象更明显。因为一些孩子学会了让两个家长竞争以便得到自己想要的东西，而管教则被当作一件不愉快的任务，可能让一位家长背上"坏人"的罪名。

最后，现在狂乱、快速向前的生活节奏给很多家长留下了很少的时间和精力来始终如一地管教孩子，或耐心地等待孩子去承担自己的责任和练习新的技能。他们在成为孩子的经理人或竞争成为"孩子生命中最重要的人"的战役中游移不定。专制的命令、最后通牒以及评判已经被"软管教"所取代，如协商、恳求和解释。毫无疑问，这两种极端的教养方式都没有效率。

正如被遗忘的一代和现在孩子们之间的差异所示，忽视或溺爱孩子都不能解决问题。当孩子们在父母的支持和引导下探索他们周围的世界和体验生活——包括艰难险阻和其他一切——时，他们就能成为自力更生的人。如果我们拒绝让他们完成这些挑战，也就阻断了他们培养性格和内在力量的道路。如果我们拒绝给他们必要的鼓励和反馈以便将这些挑战转化为人生经验，他们就会变得没有安全感、不信任人，并且缺乏必要的生活能力。

从专制的教养方式到"过度教养"的转变，造就了我们解救孩子和保护孩子的欲望。当然，不是所有的家长都会解救自己的孩子，但到底是什么在激励那些解救孩子的家长？为彻底地改掉这些坏习惯，首先我们需要弄清楚这些家长是如何参与的。他们可能受到了下面几点的刺激：

- 愧疚感。
- 为了避免麻烦。
- 害怕被认为是失职的家长。
- 认为孩子的成功是对自己的肯定。
- 认为家长的工作是不惜任何代价地确保孩子的幸福和安逸的生活。

这就是说，现在很多孩子没有发挥出他们的全部潜能，因为我们用这样的教育扼杀了他们在这个世界生存所必需的能力，过滤和抵抗无所不在的外界压力所必要的能力。在这里他们只能被隔离，被娇生惯养，被解救。毕竟，通向自力更生的道路上不是铺满了玫瑰花瓣和保护垫，而是失败、困难、障碍和挑战。

在第4章中，我们将分析家长们如何经常不知不觉地帮助自己的孩子变得不受外界影响，探索继续这样做的后果。

第4章
影响孩子前进的障碍:父母面临的挑战

父母就是抚育幼儿,惹青少年心烦,给新婚夫妇提供食宿的人。

——无名氏

讽刺的是，家长和其他照顾者——恰恰是最关心孩子、为孩子幸福尽最大努力的人——经常在他们与孩子的日常相处中破坏正常的教育进程。对于已经准备好对为孩子所做的一切（或没有做的）感到愧疚的家长，我想强调的是下文的目的不是责备任何人。我只希望指出某些常见的育儿习惯所做的无用功和可能带来的伤害。

在本章中，我们将分析家长解救孩子的各种方式。首先，我们将审视把孩子从适合其年龄的奋斗中解救出来的育儿策略。接着，我们将审视把孩子从运用他们自身逻辑能力的需求中解救出来的育儿方式。最后，我们将审视通过培养寻求认可的心理把孩子从客观的自我评价中解救出来的育儿方式。

将孩子从适合其年龄的奋斗中解救出来的育儿方式

现在，孩子们经常缺乏茁壮地成长为成年人的能力，原因有两点：我们保护他们远离了适合其年龄的奋斗和潜在危害，哪怕是微乎其微的危害；我们保护他们远离了麻烦，包括他们自己造成的。但当我们将他们从奋斗中解救出来时，却告诉他们，我们已经对他们的应变力和独创性失去了信心。这说明我们自己也已经忘了能力经常是通过奋斗成长的。

  不难理解为什么这一代孩子是最需要保护和解救的。首先，我们对待为人父母这件事过于认真，以至于我们的身份和价值观取决于我们的孩子如何成长。其次，媒体不停地告诉我们这个世界充满了威胁，如果我们不为孩子准备好一个急救箱并在每个房间装上摄像头，我们就是不称职的。每个保姆都可能虐待孩子，游乐场中的每件设备都可能是死亡陷阱，每一件玩具都可能使孩子窒息，每一次公开训练都可能需要给儿童保护中心打电话求助。如果我们给孩子接种疫苗，有引起各种自体免疫失调的危险；如果不给孩子接种疫苗，他们可能会染上脊髓灰质炎和肝炎。如果我们和婴儿在一张床上睡觉，我们会闷死他们；如果不这样，则他们的情感福利会受到威胁，并且我也不知道应采用什么样的睡姿来防止婴儿猝死综合征。为什么我的五个孩子都还好好地活着已经超出了我的理解范围。

  这种围绕孩子安全的偏执已经改变了我们社区游乐场的本质。现在的游乐场差不多都是无聊、无风险的庭院，无法激发孩子们的想象力。秋千、旋转木马和跷跷板已经从历史舞台退出。如果攀登架上发生一起意外，经常整个游乐场就被关闭了。然而，过分关心孩子的安全被认为是善意的而不是令人窒息的。

  我们的偏执在过去十年里也增加了为人父母的焦虑。我们的担心不光在增加，它们与实际风险的等级也已经远远不成比例，如诱拐、致命事故、环境毒素和恶性疾病。《偏执的育儿方式》的作者弗兰克·富里迪恰如其分地描述了这种现象，"'好的养育'现在似乎意味着保护孩子远离生活实践"。

  当我还是孩子的时候，我和姐姐夏天经常在外面从日出玩到日落；长途跋涉地寻找复活节吃的兔子，用泥巴做馅饼；任凭邻里的男孩子们抓住我们并把我们关起来，重现《人猿泰山》中的场景；如果有足够的钱，我可能已经登上了去里诺的飞机，而我的父母对此一无所知。这些和现在美国孩子典型的一天无从比较。为确保孩子们的安全和缓解父母自己的焦虑，很多父母选择严格地约束孩子的生活。日子被填满了，足球比赛、钢琴课、篮球训练和团体辅导课程，以至于孩子们鲜有机会和兄弟姐们或邻里的伙伴们一起享受空闲时间。在1981年，我们国家孩子们的空闲时间（除了吃饭、睡觉、学习和参与有组织的活动的时间）平均为一天的40%。到1997年，这一数据下降到了25%。

更糟糕的是，我们觉得自己的义务不仅仅是使孩子远离伤害。我们认为自己有责任让孩子免遭麻烦——使他们高兴和满意。正如《擦伤膝盖的眷顾》（*The Blessing of Skinned Knee*）的作者、加利福尼亚州的心理学家温蒂·莫杰尔所指出的一样，今天的父母似乎太在乎自己孩子的感觉是否良好了，以致忘了教导他们如何才能做好。而社会也支持这种做法，让家长认为他们的工作就是使孩子远离伤害，对孩子说"不"可能意味着他是个"坏"家长。

因此我们尽量将孩子从各种奋斗中解救出来——挑战任务、人际冲突、无聊、挫折、责任、承诺、延迟满足，以及他们自己所犯错误的后果。我自己当然也对所有这些感到愧疚。我都不知道自己有多少次叹着气把孩子们的脏盘子放进洗碗机，捡起孩子们散乱在地板上的玩具与脏衣服；解决孩子们之间的争论，帮孩子们寻找没有遵守承诺或承担责任的借口；过多地插手帮助孩子们完成报告和项目，避免他们不及格；发现孩子们有一点儿无聊或受到挫折时，马上跳起来帮他们。当然，我觉得这是一个爱孩子的妈妈起码应该做到的。就如同我会冲到高速行驶的列车前从死神手中救出孩子一样，我也会捡起他们的臭烘烘的袜子，避免他们感到恶心和麻烦。

只有我一个人是"过度教养"的家长吗？像我一样的孩子救助者只是少数吗？通过采访其他家长，我打消了自己的疑虑。我不仅有同伴，并且像我这样的家长占大多数！大部分我所采访的家长都承认自己会竭尽全力去取悦孩子。几乎所有人都坦白他们会做下面所列出来的一部分，甚至大部分事情：

- 让孩子负起即使有也是极少的责任，包含家务。
- 替孩子承担他们的责任。
- 没有坚持让孩子信守承诺和承担责任。
- 帮助孩子，为他们的错误找借口。
- 没有为孩子指明他们不当行为的后果。
- 帮助孩子摆脱困境，不管是其他人施加的，如老师，还是自然发生的。
- 当孩子抱怨无聊时，冲上去想办法。
- 当孩子遇到挫折时，插手干预。
- 跳出来帮助孩子解决与他人，包括朋友、兄弟姐妹及成年人之间的冲突。
- 对孩子即时满足的需求让步。
- 为了"让孩子高兴"，购买我们几乎无力负担的东西。
- 通过为孩子写读书报告、完成某些家庭作业等，帮助他们提高分数。
- 当孩子正努力完成一项有挑战的任务或问题时，插手干预。
- 为确保孩子成功地进入大学，帮助他们填写大学申请表、完成申请论文，在高考预科辅导班和教育顾问上花费成千上万美元，等等。
- 采用自己的方式维护孩子的自尊心，不管他们的感受。

其他因素也会促使我们帮助孩子度过逆境。比如，当今世界的时间危机为家长留了很少的时间来等待孩子解决自己的问题。我记得自己在送孩子们去学校之前，咬紧牙关看着刚学会走路的孩子们非常缓慢地系着鞋带——时钟的滴答声就像水刑般折磨着我。在极可能迟到并且我的办公室候诊室挤满了叹着气的病人的情况下，我所能做的就是阻止自己跳起来帮他们系好鞋带。（以后购买魔术贴鞋子的想法只能暂时缓解我的情绪，因为我从来没有见到过这种鞋子。）面对现实吧，让孩子自己完成是浪费时间并且会造成麻烦的。因此，我们打扫他们洒落的东西，捡起他们的脏衣服，替他们做家务，直到孩子们可以自己完成这些工作——所有的这些都是为了避免对他们唠叨，也是为了逃离看着他们以蜗牛的速度笨拙地做事情所带来的折磨。

竞争是另一个造就阻碍孩子们独立自主的救助现象的原因。尤其是西方文化，竞争激烈的胜负心理迫使父母尽自己最大的努力培养没有烦恼、毫无缺点的孩子——因为他们所有的需求都被满足了。当孩子的学习成绩不好时，社会经常为家长贴上无能的标签。如果这些家长不对老师大发雷霆，要求再给自己的孩子一次机会，家长就会被认为是失职的。

同样病态的竞争趋势导致家长采取一切方式帮助孩子避免在运动上失败或遭受侮辱。公共议题在2002年进行的一项调查显示，在孩子们的运动比赛中，家长们的行为比过去更加粗鲁——对教练或其他家长粗鲁地叫喊、推搡、侮辱、谩骂和指手画脚。有时，攻击性的救助会升级为悲剧，比如在孩子们的曲棍球训练中，一位爸爸杀死了另一位。

所以，帮助孩子们远离生活中的挑战对他们意味着什么？当孩子们一次又一次地被解救和过分保护时，我们还能对他们抱有什么期望呢？过分解救的后续反应就像一串非常长的多米诺骨牌般排列在一起，只要推倒一块，其余的就会像波浪一样一块接一块地倒塌。在本节的其余部分，让我们来看一下其中的一些多米诺骨牌。

在我们的文化中，我们小心翼翼地处理孩子们的感受，甚至不惜人为地保护他们的自尊心，这导致很多孩子对自己的能力和缺点都有些不切实际的想法。当他们从小学升到中学后，这种人为膨胀的自尊心在压力下是经不起考验的。被击倒的打击使他们变得很混乱，弄不清楚自己到底是谁。

对自我的怀疑加剧了不断滋长的青少年抑郁和焦虑。《过多好事反成坏事：在放纵的时代培养孩子的性格》（*Too Much of a Good Thing: Raising Children of Character in an Indulgent Age*）的作者丹·金德伦博士做了一项令人大开眼界的研究，名为"新千年的育儿实践"。当被问到是否烦恼过多时，三分之一受访的九年级学生选择"是"，三分之一选择"有时候是"，超过一半的受访孩子说自己不高兴、悲伤或郁闷。根据美国儿童与青少年精神病学会的报告，有300万15岁以下的孩子患有严重的抑郁症。我觉得这应该为我们敲响警钟：现在的孩子在哭叫着寻求帮助。

同样扭曲的真实感造就了另外一块多米诺骨牌：这一代孩子的冒险性格比以往孩子们的更加强烈。通常青少年认为他们的冒险行为不会给他们带来什么伤害，至少他们低估了冒险行为可能对他们造成的后果。今天，年龄更小的青少年开始接触高风险的行为，并且不再局限于"坏孩子"；而其冒险行为经常涉及更多的危险。滥用药物、酗酒、吸烟、酒后驾驶、商店偷窃、极限运动和自残等例子都是这一代快节奏、高流动性的孩子游走在灾难边缘的表现。

根据美国国家药物滥用研究所进行的一项"监测未来调查"显示，滥用违禁药品的趋势在1979年达到了最高峰，经过几年的下降，在1992年达到了第二次高峰。从那时起，大麻、吸入剂、摇头丸、可卡因和海洛因等药物的滥用都有所增加。此外，根据一项2001年针对全国家庭药物滥用的调查显示，摇头丸的滥用人数在过去几年中激增，摇头丸的新服用者在1995年约为30万人，在2001年猛涨到接近200万人。尽管有些调查显示这一数字趋于稳定，但持续高涨的涉及摇头丸滥用的急诊人数却说明了一个截然不同的结果。根据同一调查，各年龄段吸入剂滥用情况在过去四年中增长了30%，其中12～15岁的孩子增长了40%，18～25岁的年轻人增长了29%。据《休斯敦纪事报》（*Houston Chronicle*）2002年9月6日发表的一份政府调查显示，大麻、海洛因及其他非法药品的滥用人数较上一年急剧上升，而处方类止疼剂和镇静剂滥用的人数增长更快。也许最令人担忧的是初次使用者的人数大幅度地猛增。

我们在把我们的孩子从欲望中解救出来这一链条中放入了另外一块多米诺骨牌。溺爱是造成孩子们今天这种物质主义性格的因素：购买和收集"东西"比情感、精神和品格的成长来得更重要。

解救孩子的同时也剥夺了孩子们开发自我控制的机会，还会使他们养成膨胀的优越感。缺乏自我控制以及理所当然的态度，带来了下面几个后果：

1. 孩子们不能对自己的所作所为负责和信守承诺。他们倾向于寻找巧妙的借口并操控系统为他们服务。

2. 孩子们没有耐心。一旦遇到困难，他们就放弃而不是想办法找其他的方法解决问题。如果一直有人在帮助他们解决困难，孩子们就永远没有机会学会如何坚持。

3. 孩子们不能容忍挫折，这造成了成瘾行为的增多。当孩子遇到挫折或感到无聊时，富有的父母更倾向于对其进行过多的干预，这或许说明了富有年轻人物质滥用的原因。《儿童发展》（*Child Development*）学术杂志2001年的一份调查，描绘了一幅富足的青少年滥用违禁药品的令人忧心的画面。哥伦比亚大学心理学研究员苏妮娅·卢瑟，也是本项调查的合作者，发现高收入的青少年比来自较低社会经济阶层的青少年滥用更多的药品和酒精。举例来讲，在上一年，三个来自郊区的高二女生中就有一个在滥用某种违禁药品，大约是都市同龄女生的两倍。她还发现，在家境富足的六年级和七年级学生中，使用酒精的人数在急剧上升。"对家境富足的男孩子的一个发现令人感到极度不安。"卢瑟说。在七年级的男生中，28%的人称自己曾"喝酒喝到迷糊"。美国国家药物滥用研究所在2002年的一份报告中称，富人社区海洛因滥用的人数呈上升趋势。

自控能力和解决冲突能力差的孩子造成了校园暴力的增多，尤其是低年级的孩子们。小学校长和安全专家称更小的学生更加暴力和更具有侵略性，表现为对同班同学及老师攻击和威胁的增多。"我所见过最暴力的孩子是在幼儿园、一年级或二年级，"小学校长说，"他们彻底失去了控制，采用了最暴力的方式。"统计数据也支持这一观点。在加利福尼亚州，1995年到2001年间小学生中"人与人之间的犯罪"翻了一倍。

解救也造成了另外一种严重的后果：操控行为。孩子们能感觉到我们不愿意去约束他们以及想去帮助他们的冲动。一旦他们感觉到了，他们会迅速地获得他们需要的操控能力，从而利用我们的犹豫不决。

帮助孩子解决问题带来的后果似乎会影响到他们生活中的许多方面——引发其他多米诺骨牌的倒塌。这里的问题，我指的是人际冲突、挑战性的任务或任何其他需要决心的障碍。剥夺了我们孩子自主解决问题的机会，等于束缚了他们严密思考的能力和坚持足够长的时间去寻找解决方案的能力。举例来讲，帮助孩子解决与他人的争论阻碍了他们解决冲突能力的发展。当我们跳出来解决他们与兄弟姐妹和同龄人之间的争吵时，当我们拒绝给他们机会，限制他们发展良好的社交能力需要的自由活动时间时，都会发生上述情况。不让孩子做家务阻止了他们培养成年人需要的实际生活技能。不让孩子承担责任和面对挑战造成了他们缺乏主动性，以及越来越缺乏自力更生和独立的能力。难怪越来越多的美国年轻人重新回到了家庭的怀抱中。

最令我感到担心的后果是相对道德的爆发，做正确的事情至少取决于以下三个条件：

1. 这其中是否对他们有好处。
2. 当他们做自己知道是错误的事情的时候，被逮住的几率有多大。
3. 他们是否能转而使用"其他人都这样做"的借口。

这三个条件在年轻人从绝对道德到相对道德的转变中起到了一定的作用：他们责任感不明确；他们缺乏自省能力，这就减弱了他们反思不道德选择造成的后果的能力——对自己和他们造成的影响；薄弱的内心罗盘被一种强烈的内心不诚实所取代，使他们认为不道德的选择是可行的。

约瑟夫森伦理研究所（Josephson Institute of Ethics）与品格关注联盟（Character Counts! Coalition）进行的研究"美国年轻人的道德，2002工作报告"，同样也揭露了在过去十年中道德水平的严重退化。根据上述研究，在12000名高中生中，承认自己去年在考试中至少作弊过一次的人从1992年的61%增长到2002年的74%，承认自己在过去12个月中从商店中偷窃过的人从31%上升到38%，承认自己曾对父母撒过谎的人从83%增加到93%——谁知道呢？他们中的一些人可能就在撒谎！

道德退化在过去的两年中似乎又恶化了。根据同一项研究，欺骗从71%上升到74%，盗窃从35%上升到38%，承认自己为获得好工作而撒谎的人从28%上升到了39%。所有这些都显示着今天的孩子缺乏道德衡量标准。

我们对学生的对错观念进行了调查，结果同样令人不安。青少年司法委员会（Youth Justice Board）的调查显示，在接受采访的21000名孩子中，只有不到一半的孩子认为逃避买票是错误的，仅仅一半的人认为未成年饮酒是错误的，只有70%的人认为携带刀具作为武器是错误的，只有不到三分之一的人不同意"应该攻击侮辱自己的人"的观点。

尽管一些人不同意，但事实是现在的年轻人对权威缺乏真正的尊重，许多人甚至缺乏基本的态度。在2002年公共议题对家长的调查中，84%的家长承认他们疏于教会孩子尊重，这是造成孩子们粗鲁和无礼行为的主要原因。进一步说，尽管家长尽可能采用正确的方式抚养着孩子，但现在社会上有太多的负面行为榜样，于是孩子不知不觉地变得无礼。

我真的相信许多孩子尊重权威仅仅是因为大人帮他们料理一切事情，为他们准备温暖的巢穴，为他们提供娇生惯养的生活——以他们喜欢的方式，甚至他们要求的方式。是啊，为什么要咬给你喂食的手呢？

我们以前从未见过这样的一代人：他们擅长哄骗大人，使大人对他们的未来过度乐观；在大人面前是一种表现，而在同龄人面前却是另外一种。我特别注意去了解孩子们所有的朋友，并且大多数情况下，我都很满意。通常情况下，他们看起来都很懂事，非常有礼貌，并且言之有据。当他们在我家用餐时，大多数孩子都会饭后自己收拾。有些孩子甚至自愿帮忙做家务，帮忙把购买的杂货从车上拿到屋子里。我一度沉迷在享受之中，然而，哪有这么好的事儿。我自己的孩子当然不会这么完美！当我翻阅我其中一个孩子的相册时——在她的允许下——我开始产生怀疑了。我注意到在每一张相片中，她的一个朋友都在开枪射杀鸟。不是因为我曾经是本地修道院的一名修女，而是因为这个孩子看起来是如此甜美和纯真，以至于我完全相信当她听到我丈夫的咒骂声时，会痛苦地崩溃。在少有的情况下，当她鼓起勇气，克服胆怯开口和我说话时，都会采用一种非常温柔、紧张、孩子气的语调，表现出的软弱让我只能轻声细语地和她交谈。

因此我决定更多地依靠自己的观察，和他们的父母以及了解他们的人随便交谈。幸运的是，我有几个信息来源，由于某种原因，似乎是重要信息的仓库——他们可以背诵我家附近任何孩子的犯罪记录、年级平均成绩、社会保险号码、音乐喜好、吸毒史、性史以及学校违纪记录。我不知道他们是如何获得这些信息的，除非他们为联邦调查局或中央情报局工作。或许仅仅是因为他们有大量的闲暇时间。

不管怎样，我的孩子们邀请到家里来的这些天使中，有一些和他们表面上的样子是截然不同的。尽管大多数是"好"孩子，但我和我丈夫相信这其中没有他们让我们看到的那样纯真的孩子。甚至少数孩子在学校有严重的行为问题，有滥用药物的历史或者青少年犯罪记录。有几个孩子在某种程度上以在学校或家里制造麻烦而闻名。简而言之，我了解到，现在很多孩子在大人面前是一张面孔，在同龄人面前则是另外一张。

许多被解救的年轻人也表现出了低下的工作道德。缺乏道德的约束，责任感不明确，优越感强烈，缺乏主动性和毅力，缺乏解决冲突的能力，实际技能差，以及期望即时回报都造成了青少年和年轻人在工作场所工作道德低下的行为方式。一位从20世纪60年代就开始雇佣十几岁孩子打工的杂货店经理抱怨孩子们的工作道德日益退化，并就此责怪家长。他说父母打电话来为孩子请假很常见，而不是由孩子自己来处理这件事情。更糟的是，家长打电话说孩子不能在计划的时间内工作，是因为家庭作业太多或者因为他们临时决定全家出去度假。

很多孩子在应付生气的顾客或来自上级提出的批评方面有困难。他们抱怨自己的时间表，并试图逃避工作去参加聚会或度假。当面对即使是最小的冲突或挑战时，他们也会辞职。当被要求完成一些繁琐或令人不快的任务时，他们会表现出不屑一顾。他们拒绝做自己工作职责范围以外的任何事情。尽管存在上述所有问题，他们却等不及挨过青春期就想取代老板的工作。

美国少年司法国家中心的报告是今天年轻人日益恶化的道德问题进一步的证据：18～25岁的年轻人的工作犯罪率在日益升高。在过去十年中，诈骗案件上升了10%。在同一时间段，贪污上升了63%，而就1998～1999年这一年，其上升率就超过了10%。这一代人被证明对商业造成了非常严重的损失，并最终每个人都付出了代价。

扼杀理性的育儿方式

人在青少年时期，抽象的逻辑能力开始快速地发展。但很多青少年和年轻人貌似被困在了青春期前的认知状态中，没有能力思考利与弊以及自己所做出的选择带来的后果。然而，强大的推理能力对独立自主而言是必不可少的。因此，让我们来看一下阻止孩子们在这方面全面发展的因素有哪些。

其中一个因素是，现在的孩子缺乏足够的闲暇时间去思考。他们的生活都被计划好、安排好了，以至于他们不是经常需要想太多。通常，他们所需要做的只是出现而已。在被安排好的一天里，孩子们被准确地告知要做什么，什么时候做，怎样做，以及为什么要这样做。离开创造和探索，孩子们的脑子已经切换到自动驾驶模式了。

此外，娇生惯养和无须奋斗的生活并不需要解决问题和完成困难的工作所必需的自省能力。当我们替孩子解决他们的问题，解决他们的冲突，缓解他们的无聊和挫折感，保护他们逃避后果，保护他们远离挑战、责任和困难的时候，孩子们到底有多少机会去锻炼他们的脑细胞？尼尔·莫里，一位著名的年代问题专家，说："新千年标准的育儿方式中没有任何能刺激自我反省的东西。不受约束的成功并不能导致自省。"

错误是思想最强大的饲料，但当孩子们犯错时，由于某种神奇的巧合，他们不会承担自己犯错的后果。而我们，在自己计划过度的生活中很难抽出时间去教给他们怎样把伤害变成宝贵的教训。这些错误也为孩子们提供了锻炼思考能力的机会，但当孩子们遇到问题时，我们很少花时间去指导他们寻找解决的方案。如果他们不能立刻找到解决的方案，他们就会放弃，或者让我们接手解决。如果他们自己能解决问题，我们也要尽量少去提供他们所需要的反馈，那么他们就能将这次的成功转化为策略，以解决将来可能出现的问题。

探索和表达我们内心的想法需要强大的逻辑能力，但我们很少鼓励孩子们去分享他们的想法、思想和观点，并且当他们分享时，我们经常是看不见或不重视。

被动的娱乐活动同样不能激发深刻的反思。2000年对13～17岁孩子做的盖洛普青少年调查显示，10个人中有7个承认他们看电视的时间太多了，6年级学生中有77%的人卧室有电视，65%的孩子称他们边看电视边吃晚饭。互联网也和我们争夺着孩子们的时间，占用了他们用来反思的时间。根据加州大学洛杉矶分校在2000年做的一项调查，12~15岁的孩子每周花费8个小时的时间上网——几乎是一整天！此外，还有电影、电子游戏以及其他方式的被动娱乐。

媒体已经变成了阻止孩子们发展逻辑能力的强大力量。尽管我们已经看到现在孩子们和家长的相处时间比以前增加了，但这种相处很少涉及情感投入或社交。等待他们进行足球训练，以及孩子们在自己的房间里看动画片或玩电子游戏时家长准备晚饭，这些只是在距离上接近，并不是真正互动。马里兰大学的一项研究显示，现在孩子们与父母的互动时间与1965年相比少了40%。那么，孩子们到底在和谁互动呢？根据社会学家和《第三位家长》的作者詹姆士·史戴尔的观点，媒体是"一种塑造孩子们的现实生活，设定他们的预期目标，指导他们的行动，定义他们的自我形象，以及决定他们的兴趣、选择和价值观的力量"。媒体不再关注社会或政治问题，在利益的驱动下，现在它的目的是制造震惊和颤抖——不考虑会对孩子们造成什么样的影响。

做出选择对逻辑能力也是一种强大的训练。因为要做出选择，你必须学会思考。但我们有时候替自己的孩子做决定，甚至替他们说话，而不是让他们自己和其他人互动或解决问题。我记得我曾带6岁的儿子卢卡斯去看心理医生，检查他是否患有他的老师观察到的精力集中方面的问题。当医生问卢卡斯问题时，我总是替他回答。医生狠狠地瞪了我一眼，我觉得那目光都可以熔化墙上的涂料了。于是我尽量咬住舌头，保持沉默。接着，医生问卢卡斯："你曾经患过什么病吗？"过了好一会儿，我觉得我的舌头都快被咬断了，卢卡斯终于大声说："哦，我在学校总是打打闹闹。"看到了没？他根本不需要我帮忙！

此外，我们很少给孩子机会去为自己或者家庭做决定，不管是选择家庭度假的地点，还是在餐馆挑选吃饭的位置。

当孩子们对自己的行为、才能、潜力以及优点和缺点进行反思时，他们的逻辑能力也在增长。但他们几乎没有机会去评估自己，大人们替他们完成了这项工作。

当我们用自己的观点去反驳孩子提出的观点，暗示自己比他们更胜一筹时，孩子们也会对自己的思考能力失去信心。当下的情况是，当孩子们尝试提出创造性的想法无果时，不管他们是在表达自己的观点、做选择，还是评估他们自己，他们学到的是要对别人的想法更有信心，而不是自己的。

把我们的优越感强加到孩子身上也会在某些方面挫败他们自己的思考能力。举例来讲，如果我们不停地告诉孩子该做什么，他们自己就不会去想这些事情了。

对于新手思考者来讲，遵循逻辑无疑是一个艰巨的任务，而困惑会使事情变得更加复杂。然而，我们经常让孩子们感到困惑，比如强加不合理的规则和边界，对大人和孩子使用双重标准，采用宽容或自相矛盾的教养方式。

如果孩子学会用内心的不诚实代替理性的内在对话，良好、有效的逻辑能力就无法正常发展。而当我们的孩子明显地表现出内心不诚实时，如合理化自己的行为、找借口或欺骗自己，我们有时候还会故意看不到。

最后，如果我们希望自己的孩子获得良好的思考能力，就必须用我们自己良好的逻辑能力为他们做榜样。但我们很少这样做，比如分享自己采用什么样的步骤解决问题。

现在我们已经确定了扼杀孩子独立自主逻辑的育儿行为了，让我们来研究一下这些行为可能会对他们产生的影响。

扼杀孩子逻辑能力的其中一个后果，就是孩子们会认为思考是一件很麻烦的事情，甚至是令人害怕的。他们可能习惯于牢记事实，但当你给他们一项没有详细说明的任务时，孩子们经常会崩溃。很多孩子采用一种被称为"任天堂思维"的方式，这种方式是下意识的反应而不是有意识、深思熟虑的。这种思考类型通常是浅薄且没有效果的。一项针对15～17岁的青少年的全国调查显示，只有25%的人认为有创意的想法和解决方案很重要。现在的孩子们无法忍受混乱、无秩序、未知或无结构。为什么不能呢？因为他们不善于思考。因此，他们可以处理有限的、具体的选择，如工作表上列出来的任务，但不能处理开放式的问答题。这种受损的反思能力造成了今天孩子们身上有时会出现的缺乏解决问题的能力。作家大卫·霍恩贝克称，在所有10～15岁的学生中，只有25%的学生可以严谨地思考或解决问题。

扼杀逻辑能力的另一个后果是无效反省和实用知识不足。幼儿园到三年级中的很多学生面对下列问题时显得茫然和不知所措：

"为什么帮助家长做家务很重要？"

"准备好上学需要花费多长时间？"

"你家和学校的距离有多远？"

"完成你的学科项目需要花费多少时间？"

因为现在的孩子们花费在思考如何寻找答案上的时间，和绵羊轻轻挥动一下尾巴所用的时间相差无几。他们很少进行清晰而诚实的内在对话。他们的逻辑肌肉已经变得苍白且没有活力，想拿的东西不外乎零食和现成的答案。

强大的逻辑能力对其他能力的发展至关重要，包括组织能力、控制冲动的能力、抵制诱惑的能力、良好的道德判断能力、解决人际冲突的能力、进行客观自我评价的能力、计算风险的能力、辨别潜在后果的能力、在各种决定中做出选择的能力，以及从过去的经验中吸取教训的能力。扎实的逻辑能力是内心的小警官，监督并阻止着我们内心不诚实的各种尝试。归根到底，反思能力是内在意识发展的前提——内在意识是监督我们内在对话的能力。没有内在意识，孩子们就无法辨认和抵制各种蒙蔽他们双眼的诱惑。因此，内在不诚实的精密系统会生根发芽，长出更多的借口、合理化、自我欺骗、否定以及指责，比大雨后我家草坪长出蘑菇的速度还快。

一旦孩子们内心的小警官打盹的时间太长，孤独而不被赏识，他最终会陷入深度昏迷，很难被唤醒。与吸引孩子们注意力的各种外部信息相比，他一点儿竞争力也没有。因此这难道不是一个发动暴乱的好机会吗？外部影响如潮水般将正在打盹的小警官从他松懈的岗位上驱逐下来，轻松地开始掌权。创新思想变得很稀有，严谨的思考也开始旷工。但更糟的是，随着内在的不诚实越来越强大，不负责或不道德选择的大门就被敞开了。最后，相对道德开始掌权。

除了迫使孩子们做差劲的选择外，解救孩子还会造成其他的后果。如果他们抵御诱惑、欲望和冲动的能力不足，就不能容忍任何阻挡他们获得自己想要的东西的障碍。这带来的结果是，孩子们会要求得到即时满足。他们不能忍受挫折，并且他们开始形成一种不健康的优越感。这会掏空我们的钱包以及损害我们的神经末梢。

因此，养成孩子独立自主性格的第一步就是帮助他们形成并使用良好的逻辑能力。真正独立自主的人是那些可以面对并解决自己在生活中每天都能遇到的问题的人。为了取得成功，他们需要配备清晰、诚实、强大的内在罗盘。

造成孩子们寻求认可的育儿方式

在很多时候，家长鼓励自己的孩子做出获得认可的选择，而不是选择做他们认为对的事情。寻求认可不能召唤出孩子们的内在英雄。独立自主的人明白自己是什么样的人——自己的优点和缺点，自己的希望和愿望，自己的价值和原则，以及自己的个性和性格。他们不依靠其他人为他们指明。

下面列举了一些例子说明哪些是造成孩子们寻求认可性格的育儿行为。有一些行为明显不恰当，而其余的似乎很微妙，甚至无害。但所有的行为都鼓励孩子从别人的眼中看自己，而不是通过自己的眼睛。这样不仅容易使孩子们的自尊心受到打击，而且会为本来就很紧张的竞争和整合火上浇油。举例如下：

- 批评、唠叨和谴责。
- 贴上消极的标签并形成概念。
- 引起愧疚、羞愧和痛苦的话语。
- 人身侮辱和愤怒的话语。
- 批判性的肯定。
- 比较并形成概念。
- 批判性的表扬。
- 暗示父母的爱和接受都是有条件的话语，例如为道歉或表达爱的话添加限定符，要求回报。
- 控制性育儿技巧，如威胁、最后通牒、不合逻辑的惩罚，以及不公平或过于严厉的惩罚。
- 轻视、怀疑或禁止孩子表达自己的观点、思考和意见。

当我们让孩子们承受上述行为时，他们就学会了将自己的行为和选择调整成可以赢得我们认可的模式。考虑到我们价值观的影响以及我们总是以孩子们的最佳利益为重，这看起来也并不糟糕；而一旦他们变成了寻求认可的人，他们就会寻求家庭以外的人的认可，包括那些价值观有待改善的人和那些不像我们一样重视孩子的利益的人。我们制造出的这些寻求认可的孩子最终会寻求同龄人、媒体以及流行文化的认可。他们由于缺乏逻辑能力，不会理会这些影响对他们是有利还是有弊。

然而，对于寻求认可的人而言，最头疼的事情或许是不间断的内在冲突。一方面，一个孩子想要表现出色，面临着巨大的压力；另一方面，孩子又被迫去适应——像受伤的拇指一样全力以赴地去表现突出。在下一章中，我们将进一步探索"被迫"这个障碍。

第5章
影响孩子前进的障碍：被迫

如果孩子都是按照早期的迹象来成长，他们必将成为天才。

——约翰·沃尔夫冈·冯·歌德（Johann Wolfgang von Goethe）

被迫去表现得出色

被他人（不管是父母还是同龄人）认可的需求驱动着孩子们去竞争——争取比更多的人表现得好。将孩子们这种竞争精神提升到一种病态的高度的一个因素是很多家长对于成功的病态的态度。对于很多人，成功就是声望、物质财富、社会地位、事业、财务净资产，以及外表和行为的整体完美。并且由于现在的孩子成长在一个前所未有的家长参与时代，他们通常继承了同样的思考方式，不管是由于家长的期望还是受到潜移默化的影响。

来自父母的压力和我们认为成功的精英文化，一起给孩子们施加了非常大的竞争压力。让我们来看一下这些特别的教养态度和行为。

家长经常鼓励——更糟的是，要求——孩子成为最优秀的人，并设定不现实的高期望。在过去二十年中，父母对孩子的期望有了大幅度的提高。在《过多好事反成坏事：在放纵的时代培养孩子的性格》的作者丹·金德伦博士做的名为"新千年的育儿实践"的研究中，他对654名青少年，以及1078名孩子年龄在7~19岁的家长进行了调查，同时，他还访问了老师、家长、青少年、顾问、心理医生以及学校管理人员。他的调查结果展示了孩子和家长一些有趣的态度和行为。举个例子，就家长的期望来讲，他发现四个青少年中就有一个觉得父母对自己的学业成绩期望过高。

很多家长采用否定的判断，如批评和比较，使自己的孩子感到羞愧，以期达到不现实的目标。而有时候他们采用肯定的判断驱使孩子表现出色，避免让自己失望。

由于我们生活在一种崇尚完美的文化中，有些家长在实现自己的目标时为孩子示范了一种不健康的竞争。一旦这样，这种心态就会传递给他们的孩子。

"要表现优秀"的压力从很早就开始了。实际上，有些家长在"给孩子机会让他们做到最好"这方面有些过火了，甚至在孩子出生前就已经开始了。比如，一些家长，有时是富足的家长，在孩子出生前就开始打造"完美的孩子"——当胎儿还在子宫时就为他们演奏莫扎特的作品。

现在许多家长沉迷于从孩子出生起就培养他们的学术能力。有些家长排除一切困难获取进入精英幼儿园的宝贵机会，因为这种幼儿园在孩子学会走路之前就开始教他们识字了。接着是钢琴课、空手道课、小提琴课、足球、篮球、垒球、公文式数学课和私人教师。

一旦孩子进入青春期，家长就开始催促孩子踏上一条竞争惨烈的道路——准备大学入学程序。有些家长坚持让孩子参加大学预科课程，选择本科入学考试服务，参加词汇扩充课程；如果孩子的平均成绩为B或以下，则让孩子接受每一科的辅导。很多家长花费高额的费用聘请职业顾问处理孩子的整个大学入学申请。

一旦孩子们进入高中三年级，这种竞争的狂热就会变得更加激烈，促使家长过分地干预孩子的大学入学准备过程。举例来讲，家长比学生打招生办电话的次数更多，这很常见。麻省理工学院的一位招生官称，曾经有家长来电要回自己孩子的申请表，以便再一次仔细检查拼写。也有家长发传真更新孩子的履历。一些家长甚至询问给自己的孩子写推荐信时是否应使用他们的官方信笺！很多家长帮孩子书写申请论文，试图参加孩子的面试，为孩子的糟糕成绩找借口，威胁起诉高中的负责人——如果他们透露任何可能影响到孩子大学申请的信息的话。

家长的干预并没有因为孩子被大学录取而停止。很多家长甚至插手孩子的大学教育。大学教授们对家长多次给他们打电话抱怨孩子的课业量感到很遗憾。某些愤怒的家长甚至找到教授和系主任，抱怨孩子的成绩不够好。路易斯安科技大学的社会学教授盖里·斯托克利认为这是家长习惯于掌控自己孩子生活的逻辑的表现。大学教育费用的增加可能也是家长们觉得自己有权干预孩子们事务的原因。

激烈的竞争也应该为孩子们的高度计划、过度忙碌、狂热生活负部分责任。似乎我们所有的努力都集中在让孩子们进入尽可能好的大学。为什么？因为他们将来可以踏入足够好的工作领域。为什么？因为他们可以赚足够多的钱。为什么？因为他们可以拥有足够多的财富——大房子、贵重的首饰、豪华的汽车，等等。为什么？因为他们可以享受足够高的社会尊重和足够多的社会权利。为什么？因为他们可以感受到被崇拜和被认可。

难怪现在美国青少年的抱负有了很大的转变。大部分人希望成为医生、律师和企业家，而只有少数人选择成为秘书、服务员、工厂工人或水管工。1998年的全国青年调查显示，在七年级到十二年级的学生中，有81%的人将"一份待遇优厚的工作"作为自己的最高目标。

尽管青少年和年轻人的抱负是值得嘉奖的，但他们的抱负经常是出自于被迫而不是自愿。他们带着一只劲量兔（译者注：北美的一个电池牌子）的所有热情朝着被大学录取前进，但电池早已耗尽了。

当大学入学程序完成后，孩子们经常不知道向哪个方向前进。很多我采访过的高中毕业生承认他们的精力都集中在进入大学上了，没有过多地思考自己喜欢什么样的职业或自己适合什么样的职业。

他们跌跌撞撞地去实现目标——那就是说，没有成年人的全力支持。并且他们所制订的为数不多的几个人生计划都显得过于理想主义，缺乏细节。很多年轻人做的决定从始至终都很一致，从选择不能提供有助于他们实现职业理想的课程的大学开始。此外，他们也缺乏研究和规划实现职业目标的细节的创造性。

以高度关注目标为中心的观念剥夺了孩子们去考虑他人的需要，形成他们自己的价值观，加强自己与朋友和家庭成员之间的纽带，承担自己的责任或信守承诺，思考人生的意义的机会。在《真正的学校》(*The School Our Children Deserve*) 一书中，埃尔菲·科恩称经过研究发现，将成功等同于其他做得好的学生所达到的程度，更可能受外部影响并且更肤浅。这种心理过程鼓励他们将竞争的结果归咎于他们不可控的外部因素。因此，对他们来说，竞争是一种外在动力。并且由于他们觉得自己必须和同龄人竞争，去获得数量有限的荣誉、嘉奖以及"群体"中其他象征高人一等的东西，一种匮乏的假象便出现了。这种假象不时地让过分争强好胜的孩子们感到焦虑，甚至惊慌失措。画面最终就像在麦当劳排着一个长队，心里想着香肠汉堡，嘴里流着口水，但看看墙上的时钟，已经是上午10点28分了，再过2分钟，就算你抱着刚出生的孩子当救兵，他们也不会再供应早餐了。现在将这种感觉夸大1000倍，就是处于竞争中的孩子们体验到的焦虑。此外，当他们把自己的目标定位为比同龄人做得更好时，他们的焦点会落在目标上而不是实现目标所需要的步骤上。因此，他们表现得缺乏创造性，对手头的任务缺乏兴趣，缺乏动力对过程中的每一步——解决问题时、和他人一起工作时、解决冲突时，等等——进行深入的思考。

激烈的竞争也鼓励孩子将世界上的人分为赢家和输家——这种隔离迫使孩子们集中精力争取站在对的那一边。当问孩子们他们最害怕什么时，你几乎100%将得到同一个答案：最怕成为"输家"。这种普遍存在的担心是孩子们中间现在最流行的对失败的恐惧以及焦虑症的主要原因。

孩子们不断地奋斗以避免与"输家"扯上关系，这也驱使他们作弊。趋势观察家们称，作弊已经到达了一种"泛滥"的程度，从中学开始持续到了整个大学阶段。在一项全国调查中，接受《美国学校董事会期刊》与美国教育作家协会访问的老师中，90%承认作弊是一个越来越突出的问题。

激烈的竞争对今天年轻人的物质化也有责任。在我采访的学生中，87%的人说在和同龄人攀比时尚、发型、汽车、立体音响以及其他物质财富时，他们倍感压力。对于大多数人来说，购物值得他们付出最大的奉献和努力，像全方位的运动一般。也就是说，孩子们以前曾经被当作劳力压榨，现在却作为顾客被剥削。

尽管许多青少年专家声称现在的孩子们比以往任何一代都更有公德心且愿意做志愿服务，但我和其他人都对此持保留态度。罗伯特·帕特南著有《一个人打保龄》（*Bowling Alone*），一本关于我们社区中越来越多孤立主义的书，他认为青少年志愿服务的增加在某种程度上"仅仅反映了强烈的公共激励，包括在某些情况下，毕业要求包含了社区服务"。他推测说："如果青少年志愿服务的增加仅仅是因为官方压力，没有社区组织广泛的基础设施支持，不管是宗教的还是非宗教的，那么，我们对这种增加的持久性就无法太乐观。"

大学官员对此也表示怀疑。许多大学的申请表中都会问到是否在高中毕业时被要求参加社区服务。接着，回答"是"的申请者会被问到参加社区服务的时间。如果学校要求50个小时，招生委员会则会经常看到51个小时的答案。这个过程可以迅速地分辨真正的志愿服务和被外部因素驱动的志愿服务。

简而言之，当今文化中激烈的竞争似乎造就了许多不会思考、唯物质主义、不满足、不独立、疲惫的个体。他们吃力地走向过于集中但又欠缺考虑的目标，带着一颗棉花糖所有的决心和热情。当然，一颗棉花糖是不能成就英雄的。

被迫去顺应

来自同龄人、家长以及流行文化的信息鼓励孩子们去顺应某种模式。这不是一种新现象。顺应本来就是青少年文化中固有的一部分。作为父母，我们通过示范自己对环境的顺应，以及鼓励或坚持让我们的孩子去顺应。我们的行为，还有我们的话语，都表达了我们让孩子去顺应的愿望。用负面评价如批评和侮辱，让孩子感到羞愧而去顺应；当他们天衣无缝地融入到人群中时，我们会对他们做出表扬及其他正面肯定。

我对这些错误感到愧疚吗？绝对的！让我来告诉你一个我自己的亲身经历。一天，我非常有创造性的6岁女儿马上要离开家去学校了，她穿着两只不同颜色的袜子、蓝色牛仔裤以及一件T恤衫，梳着一个介于唐·金和疯狂的仓鼠之间的发型。我犹豫是否要把她以这个样子送到学校。她的老师们会怎样想我这个家长呢？最后我还是让她换了衣服，重新梳了一个比较普通的发型。所有这些都是因为我害怕被人排斥——怕自己和女儿被人排斥。

但当孩子们被迫去顺应时，他们受到了很多负面的影响。比如孩子们经常会掏空自己或父母的腰包去跟风买东西，如电动滑板车、宠物小精灵卡片、某种牌子的背包或帽子等等。这可要花不少钱！更不用提顺应潮流可以对孩子们的物质欲望添薪加火到四级警报的等级。

顺应也迫使孩子们过分关注自己的个人形象。达到和保持流行文化定义的，同龄人接受和推崇的形象对这一代孩子来讲就是一切。装酷的压力很大。

此外，顺应让来自同龄人的负面压力有了更大的影响力。现在的孩子们生活在一个家长的权威变弱并且更分散的世界，他们与同龄人待在一起的时间比与大人的长。同龄压力——大部分来自于媒体的影响——抑制了青少年的创造性、个人意识以及自主反思的能力。

同龄压力的日益增加也提升了欺凌事件的发生概率。根据恺撒家庭基金会（Kaiser Family Foundation）的调查，8～11岁的孩子中有74%称他们在学校曾遭受过捉弄和欺凌。12～15岁的孩子中，这个数据上升到了84%。实际上，两个年龄段的孩子都认为欺凌比种族歧视、艾滋病以及尝试喝酒或吸毒的压力更大。虽然很多学生随大流捉弄他们的同龄人，但他们经常对自己的社会行为感到不自在。

同龄的压力也助长了药物和毒品的滥用。根据《读者周刊》（*Weekly Reader*）的全国药品和酒精调查，超过一半接受调查的六年级学生称他们由于同龄的压力而饮用啤酒、红酒或白酒。每三个人中就有一个说他们对于使用大麻感到有压力。而根据美国儿科学会的研究，现在大麻的药性是20世纪60年代的25倍之强。根据国家酒和药物滥用情报处（National Clearinghouse for Alcohol and Drug Information）所做的一个调查，四、五、六年级的孩子们，称为了顺应同龄人和使自己令人感觉成熟，他们最有可能尝试饮用啤酒、红酒或白酒。甚至大学生都屈服于同龄的压力。美国国家酒精滥用与酒精中毒研究所（National Institute on Alcohol Abuse and Alcoholism）的一份报告显示，大学生酗酒以及其他相关的危险行为都呈上升状态。

一个孩子的极端反社会行为经常会获得同龄人的赞扬并延续下去。根据《发展心理学》（*Development Psychology*）2000年1月的一份调查，特别受欢迎的孩子中有三分之一极端反社会——倾向于争辩、制造混乱、招惹麻烦，以及挑起争斗。

同龄人的共识——由时尚产业催生——驱使现在的孩子们很早就开始打造并推广自己的性感形象。市场早已为还未发育的孩子们准备了惹眼的服装——露脐装、印有花花公子标志或挑逗言语的T恤、超级低腰的裤子等。

孩子越来越多地说脏话也反映了他们因被迫去顺应而变得更粗鲁，性观念更加混乱，以及出现媒体描述的放肆行为。根据美国大学女性协会

（American Association of University Women）1999年的报告《来自这一代的声音：十几岁女孩对于性、学校和自我的看法》，女孩们说有些十二三岁的男孩称女孩为"贱人"、"荡妇"和"婊子"，或粗暴地提出与其发生性关系的要求。

由于媒体和同龄人的声音太大了，很多孩子都觉得某些不道德的行为是无所谓的。最终他们对自己的行为失去了责任感。在2000年的一项对13～17岁青少年进行的盖洛普年轻人调查中，35%的人称"打破规则"需要承受"大量"或"某些"压力。

社会上的某些因素迫使他们表现出色，而同龄人则告诉他们要去顺应，难怪现在的孩子们经常会感到左右为难。然而，真正独立自主的孩子会坚决地做自己认定的对的事情，不管风是否试图将他们吹离轨道。此外，孩子生长在一个需要顺应且充满竞争的环境中，我们向他们传递的信息是，不管现在还是将来，我们爱他们、重视他们，不是因为他们是怎样的人，而是因为我们（或其他人）期望他们成为怎样的人。最终结果是，形成了一个充满寻求认同的人的世界，一种永远寻求爱的状态，以及一种没有意义和深度的文化。

我们家长树立正确的榜样了吗？根据非营利调查组织公共议题在2002年的研究，我们中的大多数人都会对这个问题回答"没有"，在养育孩子方面给自己打很低的分。例如，仅有34%的家长说他们成功地教会了孩子自我控制，只有50%的家长说他们让孩子明白了在学校要做到最好，28%的家长称他们教给了孩子良好的花钱习惯，55%的家长称他们慢慢给孩子灌输了诚实的思想，只有38%的家长称他们教孩子学会了独立，62%的家长称他们在教导孩子有礼貌方面很成功。

简而言之，尽管作为家长的我们尽力培养孩子独立自主，但我们似乎缺乏去完成这项工作所需的方式。我们中的很多人觉得自己在逆流而行，有害媒体和同龄信息的激流淹没了我们向孩子灌输正确价值观的努力。

一个没有自主性的人的世界

阻碍孩子内在独立性的发展会影响到孩子。

首先,即便是独立自主的孩子,也不能永远避开那些不能独立的孩子所做的选择的影响。他们仍然容易受到欺负人的同学、喝醉的司机以及高中枪击者等不负责任行为的影响。他们仍然会受到负面的同龄压力和媒体信息的困扰。他们仍旧要经历学校为应对不能独立自主的孩子而实施的各种改革。甚至当长大成人后,他们也不得不和贪污、缺乏主动性、缺乏忠诚感或责任心的人一起工作。他们仍然会面临与缺乏一夫一妻制责任感,或由于需求而破坏关系,或优先权缘于外部成就而不是来自内心的配偶一起生活的风险。实际上,他们仍有在同样不确定的条件下抚养孩子的风险。

其次,没有孩子的家庭或孩子已经长大成人的家庭,同样也有在日常生活中缺乏独立自主意识的危险。

最后,没有发挥他们最大潜能的孩子对整个家庭有很大的影响。这些后果可能包括:

● 孩子不能完成公平分配的工作——不仅包括家务,还包括他们自己的责任。家长必须替他们料理杂事,打扫他们的房间和浴室,撰写他们的读书报告,当他们食言时帮他们寻找借口,等等。即使是最无私的父母,当他们不得不在一天24小时内完成27小时的工作以避免整个家庭分崩离析时,也会心存怨愤。

● 需要帮助的孩子试图让父母不仅要负责他们的基本需求,而且还要保证他们的幸福。为解决孩子的无聊,家长不得不载着他们驶向电影院。为缓解孩子的挫折感,他们不得不去弄清楚挫折是什么原因造成的。为满足孩子的需求,他们不得不分身有术地"同时"出现在两个地方,有时候不得不为孩子牺牲自己的需求。于是不可避免地，家长太忙了，以致像充气过多的气球一样爆炸，从而造成了家庭的不幸福。

- 过于依赖别人的年轻人，如果缺乏基本的生活技能，如问路、做简单的饭菜或洗衣服等，谁来替他们收拾残局呢？

认为自己家长的付出是理所当然的孩子，他们可能会不懂得感恩，要求很高，不懂得尊重人。当他们觉得被利用或没有被满足时，他们会让父母、祖父母和老师变得筋疲力尽。

- 必须经常被夸赞、恭维和表扬的孩子，由于他们不能支配自己的自尊，故经常掩饰他们所犯的错误或寻找借口。因为他们的自尊经常处于紧张状态，家长常觉得自己有责任保护和支持自己的孩子。如果孩子们的自尊确实受到打击——学习成绩不理想、饮食紊乱、药物滥用或沮丧——他们不会扪心自问，却会指责父母不称职。

- 没有能力自己解决问题的孩子会去操控、强迫家庭的其他成员帮他们解决。权力斗争使整个家庭陷入混乱之中。

- 有认可需求的孩子经常挑起家庭成员的相互竞争以获得关注或优待。这样会造成兄弟姐妹之间、父母之间以及父母和孩子之间的关系变得紧张。

- 习惯于受外部指引的孩子，如果没有成年人的指引，很难做出负责任的选择。甚至成年之后，他们也需要连续不断的指导，不然就会做出毁掉他们自己生活以及他们家庭的选择。

- 自信心不足的孩子会陷入精神疾病、药物滥用或身体和饮食紊乱。每一项都会对整个家庭造成很大的影响。自信心不足的其他负面影响还有高危行为，犯罪，意外怀孕，艾滋病及其他性传播疾病，无论是哪种都会毁灭一个家庭。

- 被解救的孩子将成长为需要解救的成年人。很多这样的孩子在上大学时不能应付学业的负担，不能在成年人的世界中独立地生活。大学学费经常被浪费，破坏了接受良好教育的愿望。这样的孩子经常夹着尾巴回到家中寻找父母经济或精神上的支持，而不是努力成为自给自足的独立成年人。

尽管这里所展示的景象很暗淡，但请记住每一个困境后面都隐藏着一个机会。在这里，"困境"是值得我们全力以赴的任务。当完成这项任务时，要记着我们已经有两个优势在手：我们已经掌握了需要处理的问题的根源，拥有了对孩子们前所未有的热情以及消除威胁他们幸福的东西的决心。我们这一代家长可以胜任这项任务。我们所需要的是完成这项任务必需的方式：培养独立自主的人。

第6章
培养独立自主的孩子

如果你想知道孩子们能做什么,就必须停止给他们东西。

——诺曼·道格拉斯(Norman Douglas)

我当然相信所有的孩子都在尝试找到他们的内在灯塔,但就像我丈夫以及其他男性,他们却排斥问路!当同龄人和流行文化信息靠近他们并为他们导航时,他们就会踏上廷巴克图某条被废弃的道路,油箱空空却没有其他选择。

通过教会孩子们如何使用他们自己的内在罗盘,我们可以摆脱自己作为孩子们引航者的角色。我们所需要的是合适的方式——本书其余部分所提到的具体、实用、容易掌握的策略。在这些策略的帮助下,我们的孩子就能引导自己渡过一道又一道的难关,在他们将来的生活中不断地前进。一旦他们掌握了敏锐的内在罗盘,就真正地独立自主了——为他人树立了榜样并可以带领我们走向更美好的未来。

我明白,仅仅"改变自己的育儿方式"这个想法可能就令人难以应对。毕竟,生活本身已经够疯狂了。但请不要绝望,因为这些变化会让你的生活变得更加轻松。举个例子,你将在两到三周内看到深刻的变化——令人欣慰的结果会让你觉得这些变化是件很轻松的事情。一旦你这样做了,以前的旧方法就会显得太浪费时间且没有效果,你永远都不会想回头。

你发现的第一个变化将是你和孩子的关系变好了。他们会接受指导和遵守纪律而不会生气或不高兴；他们会变得更加畅所欲言，更坦诚地和你交流；他们会遵守规则，尊重你为他们设定的限制；他们会和兄弟姐妹更好地相处而不会因手足之争使你卷入争吵或引起你的同情；他们会视你为站在他们这一边的向导而不是对立的敌人；他们将衷心地尊重你、崇拜你。要知道，孩子会选择和谁更融洽地相处：专制的独裁者，爱管闲事的经理，还是敬爱的导师？

要想将自己的孩子培养成独立自主的人，需要我们把成长中大部分的责任交还给他们。这样，他们在决定对错的时候会感觉到他们有自主权。我们中有多少人对租来的汽车如同自己的汽车一样爱护有加？孩子们也一样。如果他们觉得自己的童年是租来的，他们会更无节制地将口香糖粘在饮料架上或把薯条撒在座位之间。但如果他们觉得童年是自己的——那将会是一辆全新的敞篷车，引擎盖下有425马力的发动机，有真皮座椅、木质装饰、燃油喷射系统以及涡轮增压系统——他们将会带着天鹅绒手套来开这辆车。

孩子们的变化也可能会影响到你的婚姻生活，尤其是当管教方面的问题成为你们夫妻争论的焦点时。我们不再会想"你能对你的孩子们做点儿什么吗？"好笑的是我们的孩子到底做了什么，让我们忘了这是自己的孩子。我丈夫过去常常说这句话，以至于我曾想过雇佣内部DNA分析师来提供确凿的证据。

你可能担心孩子们对你改变育儿方式会有什么样的反应。我记得我自己的孩子对我教养方式的重大调整的反应是："噢噢，妈妈今天又买了一本育儿书。"但大多数孩子会欢迎你的新育儿方式，因为它充满了尊重，不带任何偏见，并且发出了强有力的信息：我们对孩子们有信心，相信他们能发挥自己全部的潜力。

有少数的孩子会暂时拒绝这样做，仅仅因为在长期的解救式教养下他们掌握了灵活的操纵技巧。针对你采用的"培养独立自主"的教养方式，他们的所作所为不过是以自己的方式说："嗨，等一下，我喜欢始终按照自己的想法去做。这个是全新的、令人害怕的方式，会发生什么呢？"这只是无可奈何的话语。然而，他们对你的挑战不会持续太长时间，原因有两点：你会发现坚持自己的原则很容易；而你的孩子们会意识到合理的限制是一件好事——毕竟，这会给他们的生活带来安全和稳定。

好的，让我们回顾一下：坚持旧的教养方式，听任孩子成长，导致我们以及其他家庭成员崩溃，孩子易受到外界影响随心所欲的攻击，孩子对成年生活毫无准备。或尝试新的方式，为整个家庭带来和谐，让育儿成为一种享受而不是可怕的经历，教我们的孩子待人礼貌并成长为真正独立自主的人。做出变化会有很大的压力。但不管有多少艰难险阻，我们必须坚持。因为我们的孩子值得我们这样做。在这个迫切需要独立自主的人的世界里，孩子是真正的宝藏。

下面五章中的每一章都会提供一份地图，指引你培养孩子的内在独立。第一步，也就是下一章第7章，要帮你重新审视你作为家长的作用。这一章，要求你重新思考你的时间付出和先后顺序，你将了解到树立榜样的重要性以及如何做到，你将学会以一种不同的、更加正面的角度来看待孩子的不良行为，你将重新评估约束的意义和目的，你将看到如何进行约束——不是用棍棒而是用脑子，而且你将了解到在孩子的奋斗中站在场边的力量和价值。这一章中的育儿策略会让你和你的孩子了解到，树立好正确的框架，做正确的事情，就会很容易成功。

接着在第8章中，你将学会如何有意识地建立家庭身份，在"每个家庭成员共享"的价值观下培养并保持独立自主，设定规则和限制并遵循，巩固家庭的纽带。

在第9章中，你会看到具体的育儿策略，培养孩子的自我意识，教会他们批判而理性地思考试图引诱他们盲目顺从的外界力量。你将学会何时和如何允许孩子有缺点,如何坚持客观性但又不影响孩子所需要的关爱、温暖和感情,如何放弃不利的控制但又不让事情失去控制。你将找到表扬孩子的方式,让他们学会自我评估而不是依靠他人的评价,并且你将学会如何帮助孩子保持自尊,这样他可以放弃寻找外部的认可。这一章中,你将学会如何欣赏和培养孩子独特的洞察力,这样他们可以自行思考而不是委托他人完成这项工作,例如同龄人和媒体。

第10章《指引孩子长大成人》阐述了如何鼓励孩子独立思考和独立行动,为孩子发展的每个阶段提供了具体的示例及指导,从学前班到高中毕业。你将学会如何帮助孩子制订灵活的人生规划,指导他们成长为独立、自力更生、有贡献的成年人。

最后的第11章从宏观的角度出发:大社区如何帮助我们培养独立自主的孩子。你将会学到如何从孩子的学校、你的社区、媒体以及其他领域寻找支持和合作的方法。这样,我们的新手在奔向成年的路上所面临的挑战只会启发他们的内在力量,刺激他们更好地成长,而不会给他们带来障碍和挫折。

第7章
重新审视我们作为家长的作用

在大树的荫凉下没有植物可以很好地生长。

——康斯坦丁·布朗库西（Constantin Brancusi）

作为家长的你怎样看待自己——独裁者？经理？受气包？奴隶？这是由什么决定的——星期几？你的心情？季节？或者你像过去的我一样——每样都有一点儿？

上述角色中的任何一个都不仅让家长和孩子感到筋疲力尽，还事与愿违地阻止了孩子发展他们的内在独立性，因为所有这些角色所反映的就是缺乏信心。这些角色是为不相信自己孩子和觉得在自己的指导下孩子们的生活比依靠他们自己更好的家长设计的。很多角色都是建立在恐惧之上的——家长害怕搞砸他们认为是自己该做的最重要的工作。他们认为如果自己的孩子没有达到他们或社会的期望，那么，他们就不是称职的父母。某些角色来自于愧疚感，这会强迫家长保证自己孩子的幸福以及自己受欢迎的状态。但从家长的角度来说，孩子们需要的是指引，而不是友谊。

因此，第一步我们应该从心理上改变自己在孩子生活中的角色。我们不再是他们的独裁者、经理、受气包或奴隶。为培养孩子的独立自主，我们将变成他们的教练、向导和导师。试着想想自己生命中最崇拜的老师，他们是什么样子？你为什么尊敬他们？我敢用自己的最后一分钱打赌：他们严格但无条件地充满爱意；他们反馈信息但不批评；他们制订高但却能达到的目标；他们对你的能力流露出很强的信心，可能是下意识的。换句话讲，这些老师都对你有信心，知道怎么激励你发挥自己的个人特长而不伤害你的自尊。这就是我们能胜任并且可以成为的向导。这就是孩子们值得拥有的向导。

重新思考时间上的付出和先后顺序

指导孩子做出负责的选择比命令他们进行选择、让他们羞愧而选择，或替他们做选择要付出更多的时间。因此，为保证所需的毅力和决心，要向后退一步并重新审视：作为家长，什么对你真的重要？我们中大多数人都将孩子的利益作为我们的首要目标，但有时候我们会优先考虑其他事情：工作、志愿活动、社交活动、训练。如果你像现在的大部分家长一样，你可能会需要重新规划你的生活，腾出更多的时间做家长——指导你的孩子。

在一天之中挤出更多的时间指导孩子可能没有你想的那样困难。因为本章提供的策略是有效且高效的，所以孩子花费在不当行为上的时间和你试图改正他们的时间都会大幅度地减少。随着花在令人讨厌的方面的时间和精力的减少，你将有更多的时间讨论和解决问题，分享价值观，讨论你的童年经历，帮助孩子们将他们犯的错误变成宝贵的教训，彼此了解和欣赏。

如果你像我一样难以控制并且依靠外部力量——如电脑和个人数字助理（PDA）——来规划自己的生活，不要对抽出时间陪孩子感到不好意思。比如，我每周挤出一天和我孩子中的一个一起度过——我们亲切地称这一天为"好朋友日"。在这一天，我会带着这个孩子外出，这样我们就有时间一对一地相处。这不会花费太长时间或太多金钱。有时候我带孩子去吃冰淇淋或去附近的公园玩。有时候我带孩子去杂货店买东西，在那里招待他思乐冰。重要的是，我的孩子们认为"好朋友日"是很特殊的，妈妈的全部注意力都在他们中的一个身上。我们甚至为那一天准备了特别的握手礼和问候语。

和家长相处的时间很重要，但独处或与朋友相处的时间也很重要。每一天，为孩子留出自由活动的时间——不管是独处还是与朋友相处。如果你给孩子机会，不安排任何规划，他们会发展自己重要的社交能力，如领导、妥协、团队合作、解决冲突、谈判。独处时，他们能学会自娱自乐，解决问题，战胜挫折和无聊，以及培养自己的创造力和想象力。但独处并不包含被动娱乐，如电脑和电子游戏。我相信真正的玩耍，不管是否独处，都能刺激想象力和召唤创造力，如制作纸娃娃、与填充玩具过家家，或其他类型的独处形式。

在一天结束时，家长要拿出有限的时间去思考，和孩子在一起静静地坐着，花时间去做白日梦、做计划或思考一天中所经历的事情。鼓励他们思考自己的价值，设计自己的梦想，思考自己现在的人生。通过检查这一天所发生的事情以及和孩子分享你的看法，展示如何思考。自省对帮助孩子开发强大的推理能力和获得使用自己内在罗盘指引的自信心非常重要。

重新思考孩子的不当行为

摆脱旧的育儿角色并成为孩子的导师可能要求你从不同的角度看待孩子的不当行为。如果你的角色是家庭的独裁者、受气包、奴隶、经理，孩子的不服从可能会让你感到受挫、担心、愤怒、烦躁或仅仅是不知所措。为什么？因为当我们承担起上述角色，纠正孩子的行为对你就比对他们更重要。我们倾向于将这种不服从看作是个人宿怨。有时候我常认为我的孩子是在装样子，为的是让我在他们面前惭愧或让我发疯。这些角色也导致我们将孩子们的不当行为视为我们育儿能力差劲的表现。他们越调皮捣蛋，我们越感受到失败的痛苦。最终，这些具有对抗性或不定向的角色往往会招致孩子们的操控心理。

作为法官和经理，我们为孩子们的发展设定速度而允许他们自己利用适合自己性格、成熟度或理解水平的方式前进。

作为导师，我们仍然领导着整个家庭，但不是作为独裁者，而是作为团队的协调人。我们仍然会对孩子的不服从管教做出反应，但是快乐地做出反应而不是感到烦恼。每次孩子们无理取闹时，你的眼中将闪烁着喜悦的光芒，双手相互揉搓着，满怀期待。为什么？因为你开始不再把不服从管教看作从指甲上剪下来的碎片，而是当作被埋藏的宝藏——这是孩子吸取教训的一个黄金机会，这将培养他们的性格并开发他们在日常生活中独立自主的能力。

我们从失败中吸取的经验比从成功中吸取的多。我仍记得自己小时候第一次去滑雪的情景。那时候我才8岁，几乎没有害怕，而是充满了热情。一开始，我光忙着挖出鼻孔中的雪了，都没有时间站在滑雪板上，但是当一天结束时，我已经可以从滑雪道上飞驰而下了，就像感恩节吃火鸡一样容易。十年后，我第二次去挑战滑雪道，自信满满地认为自己一开始就可以"嗖"的一声超过那些摇摇晃晃的初学者。好家伙，站在山的顶部，我突然觉得地面离我有几千英尺。但由于等待春天冰雪融化是不可能的，我大口地吸气，做了几个深呼吸，冲下山去。我被吓得几乎全身瘫痪，跟跟跄跄地向山下冲，看起来更像一个站在高跷上的图腾柱，摇摇晃晃地与重力背水一战。当我向下滑时，我觉得全身的骨头都断了。在我到达山底时，两条腿像湿面条一样软绵绵的，全身都被汗湿透了，我像一只患哮喘病的海象一样喘着粗气。在喘息的间隙，我纳闷："这十年中我身上到底发生了什么？"当我躺在按摩浴缸中舔舐着伤口找回自尊心并使僵硬的身体放松下来之后，我忽然想到，作为一个成年人，自己对潜在的危险有了更好的认识，让我一直害怕跌倒。因此当我从初学者滑雪道滑下的时候，我尽可能避开危险。而8岁的埃莉莎不会考虑自己会变成一个人体雪球，将小心抛诸脑后。她勇于冒险——尝试新技能、更快的速度，以及更高级别的山坡。

重点是当你积极地看待不当行为和失败时，它们不再是痛苦和耻辱的深渊，而是迈向成功的垫脚石。让我们欣慰的是，孩子们从冒险中学到了很多东西，尽管有时候会犯一到两个错误。实际上，我们应该更关心不愿意尝试超越自己极限的孩子，而不是愿意进行尝试的孩子。因此，当你的孩子犯错误时，心怀感激地将它看作一个帮助孩子成长的受教时刻吧。

了解善意忽视的价值

当孩子在新任务中受到挫折、与兄弟姐妹争吵或陷入其他问题时，好的导师知道什么时候该袖手旁观。当孩子在学习新技能或与他人相处中摔跤时，你要试着不去帮忙。记着，你作为家长的目的是慢慢地解开并放开围裙带。如果成功了，你能将自己从这份工作中解脱出来，满18岁时，你的孩子就能自信地迈入成年人的行列，带着通向成功人生的所有技能。

控制住自己想要帮忙或干预的冲动，为孩子提供一个培养解决问题所需的全部能力的氛围。当你让孩子自己解决问题时，你传递的信息是你相信他们——或者他们自己解决这些问题，或者他们要面对未解决问题所带来的后果。此外，袖手旁观会为孩子提供机会去取得一长串儿的成功——无论大还是小。

当我们让孩子的问题成为他们自己的问题而不是我们的，他们就会了解到他们的问题对他们来说比对我们更重要。这是因为我们相信他们能自己处理，而不是因为我们不关心自己的孩子。孩子们不得不明白，当他们长大成人后，没有人会像他们自己一样关心自己的问题。

当你给孩子机会去尝试失败时，准备好和他们讨论事情为什么会出错。和他们一起讨论：要取得成功，下次该应采取怎样的方法。善意的忽视并不意味着当孩子需要你时你可以完全忽视他们，而只是让他们自己处理自己的事情，然后把犯错变成接受教育的机会。

允许孩子自己处理自己的事情，重申他们是自己命运真正的主人。简而言之，善意的忽视让我们家长有更多的时间去计划晚餐和修剪指甲，更重要的是，将权利交还给孩子，能让他们明白自己能够而且将会支配越来越多的时间。

重新思考纪律及其目的

孩子们生来就是自私的。来到这个世界，他们对考虑他人的感受和权利毫无准备。但这就是为人父母的责任：教育他们，挖掘出他们的人性。这样他们就不会成长为自私的笨蛋。为了完成这个任务，我们可以尝试培养他们寻找自己内在智慧指引的能力和真正意义上的纪律。

作为一个称职的导师，分清惩罚和纪律很重要。惩罚是控制，而纪律是为了指引和教导孩子学会控制自己。惩罚激励孩子们去表现良好，因为他们害怕我们的反应；而纪律激励孩子去遵守规则，因为这样做是正确的。并且，由于纪律为孩子们提供了思考不当行为与其后果间的联系的机会，他们能自己分辨对和错。一旦孩子们理解了这种联系，他们就会想出其他可以接受的替代不当行为的办法。

惩罚经常有点儿反对的意思。并且由于反对通常用负面判断、辱骂和威胁来表达，最终会减弱孩子的自我价值。一旦孩子的自尊心被严重地侵蚀，他们就开始对自己做正确选择的能力失去信心。最后他们会更加依靠他人的选择、意见和价值观而不是自己的。不用说，这样的话不当行为会持续或增加。

而纪律是客观且不会减少的。由于纪律集中在孩子的行为上，而不是孩子本身，他的自尊心还是完整的，他自己的信心也不会受影响。

当我们为孩子的不当行为感到生气、受挫或紧张时，我们会采用惩罚的手段，尤其是当我们认为孩子的不当行为是针对我们时。有时候我们由于一些和孩子的行为无关的压力而实施惩罚。由于这个原因，惩罚可能不公平，主观，过于严厉，不合逻辑。纪律则是不带偏见的，因为我们允许孩子自己选择，而不是我们单方面让他们好好地表现。孩子将自己感受到停止不当行为的紧迫感，而不是靠我们。并且，由于纪律通常是在冷静的情况下制定的，它就相对公平、客观且适合于所针对的行为。由于情感投入上的差别，惩罚会滋长怨恨和拒绝，而纪律则会鼓励合作和赞同。

惩罚是没有效果的，它能刺激孩子好好表现是因为有人在看着或孩子觉得自己可能被逮住。而基于纪律，孩子会做正确的事，不管周围有没有人盯着；家长不会觉得他们需要不停地监督孩子，在他们周围盘旋。

惩罚是没有效果的，因为它是外界强加在孩子身上的。谁知道他会如何反应呢？毕竟，一旦外部因素决定孩子的选择，他就不能完全控制局面。而纪律鼓励孩子自己得出为什么遵守某个规则是对的的结论。因此他们对自己的每个决定都有完全的、有意识的控制，更有可能会一直表现良好。

由于两者的差别，惩罚鼓励不当行为的再次发生，而纪律永久地消灭了这种可能性。为了停止违反规则，孩子必须使用自己的逻辑了解它、认同它。一旦他这样做出自己的选择，他就不可能明知故犯地去做错事或违反规则。教养则变成了一件没有冲突和斗争，只进行指导和纠正的事情。

让我们举个例子说明惩罚和纪律之间的差别。艾希莉在一场数学考试中被发现作弊。可能的惩罚有：对她大喊大叫，体罚，让她写1000遍"我不会再作弊"，或不能外出。如果采用上述中的任一种，艾希莉只会对做人感到痛苦，感到多么恨自己可怕的父母，或想办法下次作弊时不被发现。她不会反思自己的行为对同龄人或自己有什么影响。此外，她也不可能花时间去反复思考她该怎样做才能取得好成绩或弥补过失。

而用纪律约束她可能会带来更合理的结果，如确定她这次考试得零分，要求她向老师道歉，让她重新学习直到完全掌握，不给她自由活动的时间直到掌控这些知识，再次参加这场没有学分的考试，要求对她进行严格的监控直到她重新获得父母和老师的信任，安排她参加数学辅导直到她的成绩能够反映出她的真实能力。

她可能不会喜欢任何一种约束，但由于这是从冷静和理性的角度出发的，她会理解为什么需要这样做。随着时间的推移，艾希莉会发现自己正在做正确的事情。她会对什么意味着独立自主有更深刻的了解。

纪律约束的十二个原则

用纪律约束孩子并不意味着控制和镇压，可遵循下面列出的十二个原则。这之后，我们将看到坚持这些原则的七个技巧。

1. 制定孩子赞同的规则和限制

再一次重复，如果孩子们不赞同制定的规则，他们就不会理解。如果不理解，他们怎样才能产生决定对错必需的内在对话呢？

2. 尊重孩子

给孩子与成年人一样的尊重，显示了你相信他们做出正确选择的能力。由于你的相信和尊重，他们培养了依靠自己内在智慧的自我尊重和信心。

3. 与纪律一致并坚持到底

这是我作为母亲最大的挑战之一。例如，在我要求孩子们做家务不到五分钟的时间内，就完全忘记了自己的要求。我往往全神贯注地阅读除虫器的说明书或按字母顺序排列调味架，而家务完全被我忽略了。我曾经问过10岁的儿子为什么他不马上按照我的要求做事，他回答："因为我在等你忘记啊。"他不是笨蛋。在弄明白自己父母的缺点并利用这些缺点方面，孩子们都是天才。

因为你将省去大量不必要的重复，一致的纪律比你想的要容易。一旦你坚持推行规则和限制，孩子们就不会琢磨他们这次是否能采用你不允许的方式逃避。通过认真地对待不当行为带来的后果，你表现出来的是对孩子们有信心，相信他们能处理不当选择的结果，相信他们能找到解决的办法，相信他们能找到方法避免犯同一个错误。一旦孩子们感觉到你的信任，他们最终会对自己有信心并减少犯错的次数。

4. 为孩子树立行为榜样

如果你违反了你要求孩子们遵守的规则，那你不仅破坏了他们做出正确选择的途径，而且还为他们提供了将来违反规则的理由。

5. 保持冷静

由于你在减少权力斗争和让孩子分担举止得体的责任，保持冷静不会有看起来那么难。作为导师，你要记住将孩子的越轨行为当作他们难得的学习机会而不是个人冒犯。

6. 无条件地给予孩子爱

爱他们现在的样子，而不是你期望他们成为的样子。一个方式是，约束孩子时，针对他们的行为而不是他们的品格或性格特征。任何评判孩子们的身份或价值观的行为都只能引起孩子们或你的反感。他们必须了解，他们本身并不坏，但他们所做的选择却是错误的。

7. 绝不主宰孩子的所作所为

如果你做到这一条，将会发现保持冷静变得很容易。正如我前面所提到的，你将传递你信任他们的信息，相信他们能解决自己的问题或相信他们可以处理未解决问题所带来的后果。

8. 尽量减少唠叨

你越是请求、说教、解释、警告、哄骗、建议、威胁、要求、坚持、恳求和交涉，孩子越会切断思考，更不用说思考他们的选择了。你越少用话语去淹没他们，他们对父母充耳不闻或生气的可能性就越小。

9. 试着使用更多肯定的语言，减少负面语言

词语如不、不要、放弃、不能、停止，怂恿着我们以孩子做错的事情来定义他们，而不是做对的事情。这些词语会让孩子感到受挫，因为没有人愿意一直被告知他们不能做什么。如果我们经常使用这些词语，迟早与孩子之间会产生分歧。稍后我们将讨论如何避免使用这样的词语。

10. 绝不刻意忽略孩子的不当行为

这将惹恼他们。孩子们不会反思自己的行为，却会集中精力策划反击。况且，忽略只有孩子能发出的高分贝尖叫会很容易吗？

11. 避免借助外部影响去让孩子变规矩点儿

借助于贿赂、奖励、威胁、最后通牒和更高的权威会让孩子学会寻找外部指引。然后他们就学会了根据是否会被逮住而做选择。

12. 绝不帮助孩子处理行为不当造成的后果

如果你通过给他们第二次机会或没有在第一时间约束他们来帮助他们摆脱困境，你尝试纠正的行为就永远不会消失。再者，孩子们也无法学会如何在现实生活中摆脱困境。如果你采用了下面七个技巧中的一个或多个对每个不当行为以及违背规则的行为进行约束，你的孩子们就不会对是否该学学如何做人感到困惑了。再一次重复，这是又一个让孩子看到你相信他们可以渡过难关的好机会。

激发孩子独立自主的七个技巧

好吧，我知道你们中一些人在想："再等一会儿！你刚拿走了我最好的武器。现在我该做些什么呢？在不知情的公众中听任孩子们不受约束并且期待最好的结果？"继续读下去。接下来是七个非常有效的技巧，可以帮助你

将前面讨论的十二条原则的精神付诸行动。每个技巧都强调了你作为导师的作用，与孩子的内心对话，鼓励他们分析自己所做的选择。

1. 逻辑结果和自然结果

行为不当的结果，可以激发独立自主。记住，独立自主的人从来都是根据自己的是非观去做出明智负责的选择的，从不依靠自己无法控制的因素。当孩子们了解到自己的行为与其结果之间的联系——对自己和他人的影响——后，他们会有意识地（而不是下意识地）运用知识去控制自己的行为。这种有意识的控制允许他们运用自己的价值观和遵循纪律去引导行为选择。只有他们可以一直控制自己的选择时，他们才会真正地独立自主。

有两种结果可以激发独立自主：逻辑结果和自然结果。逻辑结果和自然结果的区别在于它需要微妙地干预。举个例子，我的一个儿子在他小的时候经常发脾气，使他看起来像是苦行僧和塔斯马尼亚恶魔的产物。看起来如果一直这样下去，会对整个家庭造成不可忍受的混乱。采用铁娘子般的惩罚和拇指夹貌似更容易，但我觉得管用的技巧全部都没有取得任何效果。一天，当全家都准备去冰淇淋店时，他发了很大的脾气。如果我没有记错，激怒他的是某种"惊天动地"的危机，比如他的袜子缝没有对齐或兄弟姐妹中的某个人"看着他"。

过去，我会威胁他不让他出门——当然，我很清楚这样行不通。毕竟，在突发情况下，我不能把一个三岁的孩子单独留在家里。不管怎样，我都为他感到遗憾：可怜的孩子错过了他最喜欢的冰淇淋——覆盖着软糖熊的双巧克力软糖的。

但很快我意识到这就像给阴燃的炭火浇汽油而不是浇水一样。所以那天，我冷静地告诉他："很遗憾今天你不能和我们一起去吃冰淇淋了，因为店里的其他客人都想安安静静地享受自己的冰淇淋。但不用担心，我已经和隔壁的巴斯克斯太太打过招呼了，她愿意照顾你直到我们回来。"

孩子的眼泪、保证、恳求和求情让事情变得很难办，但我提醒自己这对儿子来讲是宝贵的教训。我带着他穿过大街，把他留在邻居家——到现在仍然欠着邻居一份大人情。后来当我们接他回家时，他看起来不知怎么的有些不同。他并没有愤怒或生闷气。他很平静，也很高兴。我真的相信他想让别人帮助他控制自己的脾气，并且下意识地感激我所采取的限制。我也相信他对自己成功地经受住暴风雨的考验感到骄傲。

自然结果是不同的，因为它不需要我们的干预。举个例子，我的女儿几乎每天都忘记带午饭去学校。当然，我想告诉她犯错误没有关系，我们会帮助彼此摆脱困境的。但到第三天，我觉得是时候不再带着爱心餐冲进学校餐厅了。第二次之后，我对她表示我相信她可以找到方法去记着带午饭，而且下一次她必须依靠自己了。不出所料，她又打电话让我送午饭。我不仅拒绝了，而且还给学校办公室打电话确定他们不会借钱给她买午饭。我想让她学会自己解决问题，饿几小时肚子是一个宝贵的教训，有助于她养成这样的习惯。

为什么逻辑结果和自然结果能够使孩子找到他们的独立自主？因为它们会让孩子明白要对自己所作所为的结果负责。当孩子自己的不当行为产生了这些后果，孩子们不会觉得自己将受到惩罚，因为除了他们自己之外没有人会责怪他们的不当选择。他们会觉察到这些结果是他们带给自己的。结果有不可避免的性质；一旦触动某种结果，孩子们没有能力去阻止。在这个巨大的海啸慢慢接近时，他们所能做的只有打起精神来撑着。而当孩子们被海啸卷倒时，我们在安全范围内躺在沙滩椅上晒太阳，说：″天啊，但愿我能做点儿什么，但这就是规则，我做什么都无法改变。″这听起来可能很无情，但让孩子弄清楚选择和结果之间的联系，没有比童年时候更合适的了。之后，付出的代价只会升高。

2. 有限的选择

没有选择的人就像一位没有船的船长。如果一个孩子要成为终生的决策者，他们必须做很多选择。给孩子选择的机会不仅是指告诉他们你相信他们自己做决定的能力，而且还要给他们提供必要的锻炼。有限的选择作为纪律的工具很实用，因为它化解了潜在的冲突。如果允许孩子在他们追求的权利中有一席之地，就可以避免很多权力斗争。让我们来看一下唤醒孩子独立自主意识的纪律策略涉及的三种有限选择：

"如果……那么……"："如果你可以按时穿好衣服，那么在校车来之前就会有更多的时间看动画片。"

"当……然后……"："当你发完脾气，然后我们就可以按原计划去公园玩儿了。"

"这个或那个"："睡觉时间到了，你想先做什么呢——洗澡还是听故事？"

两个重要的警告：第一，绝不将有限的选择当作贿赂或威胁，因为这样的选择就成了外部灯塔而不是把事情想清楚的内在动机。第二，确认自己愿意接受孩子决定的选择；否则，他们只不过在玩猜谜游戏，而他们必须弄清楚你到底想要什么。

3. 公正的观察

由于独立自主的人能有意识地控制自己的行为，我们作为家长的责任就是利用纪律让我们的孩子去思考他们行为的利与弊，备选方案以及结果。

通过公正的观察，我们能激励孩子在事情发生之前或之后去思考自己的所作所为。这种反省有助于孩子在做出选择之前彻底地想清楚，因此他们可以抵抗不当行为的冲动或找到做正确选择的动机。公正的观察可以帮助他们研究不负责任的选择的结果，这样他们就能认识、放弃和替换掉不当行为的模式。

公正的观察是一个强大的方法，可以发动孩子的思考引擎而不引起他们的防御或反击。"已经下午六点了，你还没有开始写作业"会让孩子思考他们的拖沓，想办法解决问题。而"我太讨厌提醒你做作业了——马上去自己的房间做作业"，这样的话只会让他们觉得生气或丢脸。

4. 客观信息

为孩子提供客观信息也是一个激励他们分析自己的行为，决定是否需要改变的方法。依靠自己做到独立自主，孩子们必须有必要的GPS坐标定位引导他们走向目的地，以免遭遇海难。有时他们需要的不过是一点点信息——帮助他们继续前进和找到正确方向的航路点。提供客观信息为他们指明了航路点，他们就可以依靠自己，分析自己的选择。客观信息也是一种去提醒孩子们但不做判断的友好的方式。来看一些例子。

"玩火柴很危险！"而不是："天啊，你有病吧？你会把我们都烧死的。回到自己的房间去，没有我的允许不能出来！"

"脚不能放在桌子上。"而不是："我说过多少遍了，把你的脏脚从桌子上拿开！"

客观信息对建立家庭身份，推行家庭规则和价值观也很有效。

"我们家动口不动手。"而不是："不要再打你妹妹了！"

"我们家尊重真相。"而不是："你在撒谎。"

5. "我"的信息

有时候指责会煽动孩子的防御或反击。因为他们在保卫自己的骄傲或发动反击的同时不可能去客观地分析自己的选择，任何带有谴责的纪律都分散了他们关注、研究和纠正自己行为的精力。换句话说，我们的新手失去了控制，被吹离了航线。"噔、噔、噔"地走回自己的房间，重重地摔上房门，将重金属音乐的音量开到可以推倒墙的分贝，很明显地表明他们正在毫无目的地冲向一个可以摧毁船只的暗礁。

一种避免责问气氛的方法是用"我"代替"你"。当你用客观的陈述说出自己的感受，而不是每次心烦时都激动地大喊大叫，就能在不横加指责或引起防备反应的情况下让孩子了解你的意图。比如，你可以说："你把泥巴弄到我刚拖好的地板上了，我很不高兴。"而不是："你怎么能这样！你知道我费了多大的力气才把地板打扫干净吗？"（如果在第一句话中你能用"人们"替代"你"，仍然表达了自己的感受，但对抗的意味就会大大降低。）

6. 提问

孩子召唤自己独立自主的意识，意味着让他们思考。毕竟，如果他们动脑的频率只比使用衣帽架多一点点，他们怎么才能辨认和控制试图影响他们选择的力量呢？提出开放式问题，帮助孩子抓住机会锻炼思维肌肉。通过提出一系列问题指导孩子完成整个思考过程，向他们展示他们可以用内在对话的方式对自己提问。把提问当作锻炼孩子思考的一种训练。一旦孩子可以掌控自己的思维而不跌倒，他们就有能力满怀信心地掌握你所期待的独立自主的能力。举例说明：

"我们把音响的声音开得太大的规则是什么？"（孩子回答。）"我们为什么有这样的规则？"（孩子回答。）"你现在该做些什么？"（孩子回答。）

和对抗性威胁比较一下：

"把音响关掉，约翰尼！你会把我们的耳朵震聋的！如果你不把音乐关掉，我会把音响从窗户扔出去的。"

7. 极简的教养方式

你是否遇到过这种情况？当你在电脑前忙碌或读书时，孩子走到你面前开始和你聊天，或不间断地叫"妈妈！妈妈！妈妈！妈妈！妈妈！妈妈！妈妈！妈妈！妈妈！妈妈！妈妈！妈妈！"孩子喜欢折磨我们吗？直到我们处于崩溃的边缘，大多数人会让这样的喋喋不休从一只耳朵进，另一只耳朵出，敷衍地点点头表示我们听到了每一个字。好吧，我们的孩子也一样。我们越是喋喋不休，他们越是不听。他们变得"对父母充耳不闻"。如果他们听不到我们所说的话，我们就不是称职的导师。为培养孩子的独立自主性，我们需要用他们能理解的——至少是可以忍受的语言和他们进行交流。

极简教养是一种避免父母唠叨的好方法，可以使用一到三字短语、面部表情以及手势。当约翰尼把外套丢在厨房的地上时，指着外套说："约翰尼，外套！"当谢莉尔煲电话粥已到了睡觉时间，用食指比划扫过脖子——通用的"挂断"符号。

如果客气地、尊敬地、冷静地使用这七个纪律技巧，就能取代几个世纪以来我们的教养方式中根深蒂固的指责或评判。并且，由于孩子们通常不会把这些技巧解读为人身攻击，他们也不会被迫去反击或感到难过。相反，对我们的话进行思考后，或者这些话为他们或现在或未来进行选择时提供了帮助，他们更可能感到很受用。

因此，这些技巧对促进我们所期望的行为和阻止不当行为非常有效。更重要的是，它们鼓励孩子做出负责任的选择，因为这是采取正确行动的方法。

树立榜样

作为孩子们的导师，我们有责任去示范我们想要灌输给孩子的行为和品质。如果我们试图给孩子指引一个方向，而我们却选择了相反的方向，想象一下，孩子脑海中将发生短路。双重标准不可能让孩子赞同并遵守我们制定的规则和限制，只会让他们找借口去违反。此外，好榜样很重要，因为孩子们越是尊重和崇拜我们，我们就会越从容地为他们指引我们想让他们前进的方向——独立自主。

我知道摆脱我们过去养成的坏习惯似乎很难。事实上，由于大多数人是依靠外部指引养大的，因此彻底改掉坏习惯是不大可能的。但考虑到现在的父母都会尽最大的努力为孩子做到最好，我认为没有人更适合去接受这一挑战了。

示范赋予能力

为使孩子变得独立、有自信且在充满未知的世界中轻松地运用自己的内在罗盘导航，我们需要在自己的行为和态度上示范自立而不是需求。

过去，我常常将一些适合男人的体力劳动推给我丈夫去做，因为我不确定自己是否可以胜任。并且，由于他很愿意帮忙，我也没有必要去确认或否定自己的怀疑。但现在，为了给孩子们做示范，我开始尝试着自己完成一些这样的任务。

我在后院的两棵树之间建造了一条滑索道让孩子们玩儿——这一天，他们都玩得筋疲力尽了。我使用了自己都叫不上名字的材料以及以前从未见过的玩意来制作滑索道，如编织钢丝、滑轮、螺丝扣、铝制管套、螺丝、管子、绝缘泡沫塑料（填充管子做把手）以及其他的零零碎碎。当然，我把滑轮装反了，不得不弄断钢丝重新开始——两次。但我对最后的结果很骄傲，并且孩子们尽兴地玩了几个钟头。因此我的努力并未被忽略，我一定要大声说出自己的成就、问题以及其他一切，这样我的孩子们就能理解单独完成挑战的满足感了。

现实中存在很多让其他人帮助我们的方法，如生闷气，威胁，使用最后通牒，或扮演在危难中等待救援的角色。但这些都不是培养独立自主的方法，而是没有认清自己内在独立意识的人所使用的方式——缺乏自己完成工作的自信。

示范正确的决策能力

如果我们想让孩子轻松地开发和依靠自己的逻辑能力，就需要示范这样做的益处。当我们遇到问题时，尝试在孩子面前出声思考，这样他们可以观察到找到解决方案的思考过程。

比如，周一早上你把孩子们都安顿在车里了，准备送他们去学校。但当你转动钥匙点火时，只听到了发动机发出"呜呜"的声音。

你说出自己的想法："我知道这不是大笨鹅的呼吸声。上次我检查过了，我们的院子中没有禽类。是的，电池没有电了。"

孩子们可能悄声说："好啊，可以不去学校了！"并用手拍打后座。尽管可能令他们大为郁闷，你也仍要大声地说出来如何解决这个问题："我可以跑到弗朗辛家借她的跨接电缆用用。但不行，她要把她的车开到咱们家车库来，而且我知道她有多讨厌别人看到她穿着睡衣，头发上还带着发卷。不管怎样，她还得把车停在我后面，而我也不确定她的跨接电缆是否足够长。我和你们说啊，我要去问问凯西是不是能把你们送到学校，然后她可能还会送我去汽车部落（Auto Zone）买个新电池。大家都安静！让我们去问一下巴斯克斯太太是否可以帮忙。当你们离开后，我会给学校打电话说你们可能迟到五分钟。"

想象一下孩子们天使般的小面孔上的快乐。是的，对！

当问题涉及与别人的冲突时，你也可以说出你的想法："我希望拒绝和萨利阿姨明天一起玩桥牌没有伤害到她的感情。我会提醒她我从来都没有玩过，是一个差劲儿的搭档。我明天会送一些手指三明治过去，这样她和她的牌友就可以先垫垫肚子了。"

和孩子讨论你已经成功解决的问题也很有帮助，可以分享找到解决方案的步骤："我记得我小时候，偷偷地溜进你们劳拉阿姨的房间，趁夜打劫她的复活节篮子。我爱死涂着巧克力的小棉花糖兔子了，而我的在几分钟之内就已经被我消灭完了。她发现之后，特别生气，以至于几个礼拜都不和我说话。我非常后悔，因为我们曾是那么亲近。因此我挨家挨户地找兼职赚钱，遛狗、打扫车道，凡是你能说出来的工作我都做。当我攒够了钱，我跑到7-11买了一整盒的棉花糖兔子，用棕色的包装纸包好，系上自制的蝴蝶结，然后把它藏在劳拉阿姨的枕头底下，留了一张纸条说我有多么后悔以及在整个世界上她是我最最好的姐妹。这样很管用。我们和以前一样好了，我也觉得好受点儿了。虽然她的篮子仍旧会锁起来，但这是一个好的开始。"

另外一个示范你对逻辑能力有信心的方法是向孩子展示你相信自己的直觉。在孩子面前表达你所有的直觉而不是把直觉当成愚蠢的想法："我觉得我们这周五不应该看篮球比赛。我有种不好的感觉。为什么我们不能下周再去呢？"当这些直觉被证实是合理的，你要和孩子们一起分享："真高兴我相信了自己的直觉，看看外面的坏天气！如果冰雹砸到车上，砸痕都快像怀俄明州那样大了！"

孩子要培养并依靠自己的内在罗盘，内在诚实对他们很重要。因此你要为孩子示范。尝试不要为自己做错事情找借口，不去为自己的错误辩解，或责怪别人的不当选择。如果你当场发现了自己的错误，大声地用言语表达出来："我到底在想什么呢？我为什么会对收银员恶声恶气的？毕竟，计算机出错并不是她的错误，她又重新扫了满满三车的杂货。我要回去给她道歉。这是我唯一能做的事情了。"

通过从失败中走出来，我们给孩子展示了即便是失败，我们也相信自己的决策能力。如果他们察觉到失败动摇了我们对自己的信心，他们在失败发生时也可能对自己的决策能力失去信心。

在合适的时候，与孩子分享你的失败，讨论你从失败中获得的教训。举个例子，几年以前，我决定换掉家里的几块波斯地毯。做这个决定很费劲儿，由于是采用最好的羊毛手工编织的，地毯非常昂贵。但它们至少已经被使用了18年了。并且，由于经常沾染小狗的排泄物，它们散发出尿骚味。换句话讲，这些地毯现在吸引了很多苍蝇而不是赞美。

噢，当我偶然发现几块地毯看起来和家里旧的几乎一摸一样——除了装饰性的黄点点，价格却要便宜得多时，难道我不该感到骄傲吗！带着一种可以翻译为"我是预算女王"的自以为是，我铺上了新地毯，把旧的丢进了垃圾桶。

对任何耳膜功能健全的人，我都会告知他："这些是毛涤混纺织物，但难道它们看起来不是很棒吗？"是的，它们看起来很棒，足以让我向邻居炫耀并认为这是我一生中的重要买卖。除了送奶工人和杂货店的打包员，其他所有的人都为他们的家里添置了一套。

但仅仅几个星期后，经过十四只人脚以及十二只爪子的无情践踏，地毯的边缘开始脱线，上面的设计也被磨平了。这几乎让我想开车到垃圾填埋场去找回我原来的地毯了。然而，我曾经告诉孩子们灾难和机会是同一个硬币的两面。从这次灾难中，我抓住了机会去吸取教训，这可能为将来节省了大量的金钱和负担：你得到的和你付出的是成正比的。

孩子们明白我跌倒、失败和犯错误并不意味着我无能——它们只是一种经历，使我离完成自己的目标、实现自己的梦想和释放自己的内在更近了一步。如果你给孩子示范自己的决策技巧，用活生生的例子给孩子展示其完整性，当他们自己犯错误的时候，你的例子就会像一条光明大道使他们向正确的方向前进。

示范坚强的性格

独立自主的人在诱惑和欲望面前毫不退缩。他们不逃避做正确的事情，即使那会造成不便或麻烦。当然他们也不会做错事，因为他们知道可以躲开——他们展示了性格的力量。坚强的性格不仅仅意味着坚持价值观的骨架，还包括每次做决定都要考虑到我们所有的原则和价值观；不管这个决定是大还是小，是容易还是艰难。这意味着我们做选择之前要考虑别人的感受，意味着我们愿意为大局做出牺牲。为培养孩子的独立自主，我们必须用自己的态度和行动示范性格的力量。这方面的品质包括：

● 高度的责任感和自觉性。当你在假期被安排工作时，你可以通过克制住打电话请病假的冲动来展示自己良好的工作道德。尽管拇囊炎让你痛不欲生，你也应信守承诺去陪伴孩子参加中学舞会。你可以坦白是你自己吃了最后一块布朗尼蛋糕,而不是怪罪到狗身上。

● 对朋友、家人以及我们生命中其他重要的人表示忠诚和尊重。当朋友、家人甚至熟人成为不公平的、不真实的或两者兼有的八卦对象时,你要维护他们。即使有人对你很粗鲁,你也要表现得有礼貌。当我们周围的人由于生病或其他情况不能履行自己的义务和责任时,我们要帮他们分担。

● 慈悲、宽容和同情心。每个人都想要被无条件地爱和接受,包括那些不那么瘦的人和没有完美肌肤的人,包括那些反对你的宗教信仰或政治观点的人,包括那些曾经伤害过你的人。要想对你生命中每一个人都表现得和蔼和理解,只需要接受他们本来的样子。你不需要接受他们的不当选择或赞同他们的所有观点。举个例子,由于我的孩子很多,当我在电影院售货亭购买爆米花和饮料时,排在我后面的人往往要挑战自己的耐心。一天,一位排在我后面的脾气暴躁的老年男人开始发火,重重地发出不耐烦的叹息,低声地喃喃一些少儿不宜的话语。后来,他大声地说着一些下流的话,引起了排在他后面人的集体嘘声。我只是转过身盯着他看了一会儿,努力用怜悯的眼神看他。这可不是一件容易的事,因为我手里正拿着五桶爆米花、两大盒奶味糖豆以及七瓶汽水,还有两个孩子拽着我的衣服火急火燎地让我带他们去卫生间。然后,我用自己能发出的最和蔼的声音说:"很抱歉让你等了这么久。我知道在我后面等着买东西一定很难,可能你都要错过电影的开头了。请接受我的道歉。为表示我对你耐心的感激,今天请允许我为你的零食买单。"起初,这位老年人无话可说。毕竟,他以为我可能会对他严厉指责甚至抽他耳光,而不是现在这样和蔼和慷慨。结果是,他为自己的言语向我道歉,并拒绝了我的提议。由于我们在看同一场电影,最后他还加入了我们,对我们很照顾。尽管发生了这么多事,我们仍然有时间去卫生间。

- 牺牲。当需要你加入陪审团时，你可以牺牲与朋友约好的午餐，改天再约。当你的邻居请你帮忙照顾正在学走路的幼儿，以便她把生病的猫带去看兽医时，你可以牺牲已经等待了一周的电视节目。

- 自律和坚持。你可以克制住将运动计划抛到九霄云外的冲动，而不是老想着"对于我这样的大骨架和身体丰满的遗传基因，运动根本不管用"。你可以坚持缝制自己的夏季酒会礼服，尽管它一开始看起来像尺寸过大的穆穆袍或奶奶的厨房窗帘。

- 不期待自己的善行有回报。比如，当你帮助朋友搬家之后，他并没有说一句感谢的话，你却仍然告诉孩子们帮助别人的感觉真好。当你的老板忽略了给你发圣诞节奖金，而你却习惯性地将它列入预算中了，你可以修改预算并对自己说公司的情况现在很艰难，有一份工作已经很幸运了，很高兴自己可以为扭转公司赤字做出努力。

总而言之，坚强的性格就是勇气——抵制避重就轻的勇气，忽略自己自私欲望的勇气，忍受困难或不舒适的勇气，当拥有它的时候，你就勇于接受冲突、挑战以及其他困难。

示范自主

由于我们中的大多数人是受外部指引长大的，并且我们生活在一个设置了不现实的标准的文化中，即使对于成年人，在媒体和流行文化信息的强大潮流中逆流而上也不是一件容易的事。但是，如果我们想让自己的孩子成长为独立自主的人，就需要给他们工具和力量去有意识地过滤这些信息，选择对他们有益处的信息，拒绝对他们没有益处的。

我们要将自己的外部指引放在一边，树立独立思考的榜样。下面是一些建议：

● 不追随音乐、日用消费品、发型以及时尚的最新潮流,除非你真的喜欢。如果你追随一种潮流或标准,确定孩子们了解你的理由。比如,如果你刚刚买了最新款的网球鞋,你可能会说:"我喜欢这双鞋和我的短裤配在一起的感觉,它们穿起来真舒服。我真的不在乎其他人怎么看待这双鞋。看看我这满是窟窿和婴儿呕吐物的T恤衫,短裤和鞋子更般配了!"

● 拒绝遵从自己不喜欢的、不可能达到的或不符合自己预算的物质标准,或生活上的压力。我们偶尔会长青春痘。我们会长胖几磅。我们每周六、日发型看起来都很糟糕。我们没有第二个家。那又怎样?难道这就意味着我们要安排与皮肤科医生、整形医生、发型师或房地产经纪人紧急会面吗?我们应该对自己现在的状况表现出知足;为孩子们树立我们现在这样很好,而不是他人期待我们是什么样的榜样。(我已经感觉好多了!)

● 试着不去支持传播循规蹈矩思想的媒体,抵制电视节目、杂志、商品以及其他应该受到谴责的信息源。举个例子,当我看到广告里身材如辛迪·克劳馥一般的漂亮女人在价值两千万的游艇上休闲,往她们完美无瑕、古铜色的身体上涂抹法式防晒霜时,我就想立刻跳上车,冲到沃尔格林去买一箱子基因防晒霜来保证自己本身已经不完美的身体不像热油中的培根一样变脆。简简单单的瓶子,没有广告,低价格。我不仅不用在我的购物清单和矫正我女儿的大门牙之间进行两难选择,而且不必成为购买可笑的东西或拥护媒体为我们设置的不现实理想的笨蛋。我不仅示范了独立于媒体的思考,还和孩子们分享了我的观点。当我看到一位女演员把自己本来像一堆混乱的蚯蚓般卷缩的头发变成了闪闪发亮的丝绸,让你不得不戴上太阳镜去看时,我可能会问孩子们:"如果我也用那种洗发水,你们觉得我的头发也会像她的一样吗?"他们自然都笑出眼泪来,或笑得喘不上气来了。而我继续:"你们觉得为什么产品的广告商却让我相信可以?你们觉得我应该支持做出了不能实现的承诺的公司吗?如果不,我还有什么选择?"我们一起得出了几个结论:购买自然有机、不做这样承诺的洗发水;购买一般的没有名气的洗发水;购买小公司或当地生产的产品;或剃成光头,一周洗一次假发。

- 让孩子们知道你按照自己的方式生活——你拒绝购买不是自己选择的东西。把它定为家庭美德:"女孩子们都在购买GAP出品的新款夹克。我觉得那衣服并不是很漂亮,再说它的价格也太高了,并且我们索耶斯家的人从来不追赶潮流,除非我们真的很喜欢。先生们,我们是自由的思想家,不是那些没有自己主意的人。"

- 一些人把取笑他人作为一项运动。事实上,我很纳闷为什么这没有成为奥林匹克运动会上的项目,而现在我明白了。奥林匹克运动员坐在他们的懒汉椅上,一手拿着啤酒,一手拿着遥控器,随时准备喷出一连串刻薄的辱骂来。我们会尽自己最大的努力不去评价他人看起来如何,他们如何说话,如何做事,以及他们穿了什么,不管他们是你认识的人、陌生人,还是电视上或电影中出现的人。如果孩子们听到你取笑别人,他们不仅会对别人持否定的态度,接收到对别人残忍是可行的信息,而且他们可能认为除非自己顺应标准和潮流,否则同样也会受到批评或嘲笑。此外,所有这一切都加强了我们现在的文化中流行的胜利者(失败者)心理。

尽管在某种程度上我仍然是受外部指引的,但为了试着不为孩子们示范这样的榜样,我鼓起勇气去定义自己的标准而不是盲目地跟随着人群。对孩子们深深的爱能激励我们成为更好的人,这是多么神奇啊!孩子真是我们最好的老师。

用支持围绕自己

我们正在完成一项重要的任务，你和我——释放孩子真正的潜力。为支持我们的努力，在生活中找到同盟者——和你对育儿持相似态度的人——非常重要。尽管培养和发展联盟需要更多的细节，但你可以从抓住每个机会与教育者、其他家长以及任何关心年轻人和社会未来的人讨论本书中的问题开始。

我与尽可能多的人谈论解救孩子、相信孩子与指引孩子独立自主的重要性，采纳本书中的建议取得的成功，以及自己的育儿方式对我的生活、对孩子的生活以及对整个家庭的幸福产生了怎样的影响。

我演说的对象也不局限于熟人，还包括公园凳子上坐的陌生人、帮我把重达两吨的杂物拿到车上的打包员以及美容沙龙的推销洗发水的女士。真是的，就连我的狗都不能幸免。

建立联盟的一个有效办法是组织邻里育儿网，定期组织会面，在学校或在某人的家里。会面可以集中讨论学校的有关问题，形成其他联盟的方式，附近孩子和青少年中间流行的趋势，以及其他育儿问题。你甚至可以安排社区领导和育儿方面的专家作为演讲嘉宾。协助你完成任务的其他潜在同盟还包括执法机构，教堂和犹太会堂，学校，以及其他任何直接对孩子产生影响的人。像你一样，他们的目标就是促进社区的整体性完善，从一个孩子到另一个。

在我们建立支持网络时，注意培养这些关系，这样它们就能保持其建设性而不会起反作用。比如，很多家长非但没有与孩子的老师形成一种家长—老师纽带，从本质上关心孩子的最大利益，还建立了对立的联系。

当你积极地寻找时，你会发现社区里充满了宝贵的支持。那么多的人和团体愿意且热心聚在一起关注孩子，尤其当共同的目标是认识和培养他们的独立自主性时。

第8章
建立激发孩子独立自主的家庭身份

家庭是社会的核心。
——威廉·詹姆士·杜兰特(William James Durant)

既然我们重新审视了自己作为家长的作用，深入了解到我们需要调整自己的行为和态度，那么，家庭应该如何配合这项宏伟的计划，鼓励孩子独立自主呢？

答案是：通过强大的团结意识。没有共同的目标、正确的价值观、建设性传统和仪式、每个家庭成员有益的作用，家庭的身份就太弱了，以至于会经常偏离方向。在《高效家庭的七个习惯》（*The Seven Habits of Highly Effective Families*）一书中，作者史蒂芬·柯维列出了强大家庭的三个共同点：

1. 对自己目标的清晰认识。不管是集体还是个人，都有明确的价值观、优先权和目标。

2. 完成自身目标的奋斗计划。一些通用的、不受时间影响、不言而喻的原则代表着一个奋斗计划的框架，可以帮助任何家庭沿着积极的方向一起前进。让我们以尊重为例，当一个家庭的成员彼此尊重，采用妥协和谈判建设性地解决他们之间的差异而不是侮辱和攻击，善解人意地倾听对方而不是忽视或批评，他们就可以飞速地变强大，不管是集体还是个人。

3. 指引他们走出挫折的指南针。家庭奋斗计划的原则可以应用在任何家庭偏离方向的情况中：灾难，重大的变化，不可预见的事情，等等。

上述三项品质并非只有某些幸运家庭的优秀遗传基因中才拥有。它们存在于任何家庭的能力范围内，但不能通过比赛、摩擦神灯或从网上订购获得，需要有意识地努力去建设它们。

一旦你建立起强大的家庭身份，你在心理上就从"我"过渡到了"我们"，你的孩子们就变成了整个集体中重要的一部分——家庭拼图中不可缺少的一块。这种团结的方向感、目标感和归属感对孩子成长为独立自主的人而言必不可少。

拥有独立自主的内在力量和智慧的孩子通常来自于有强大团结意识的家庭，这种团结意识由清晰、有建设性的原则打造而成，他们能尊重彼此的差异且欣赏彼此的优点。来自身份模糊家庭的孩子没有稳定的指南针，因此没有清晰的前进方向。他们经常从外部寻找指引来获得自己欠缺的集体感、目标感和归属感。有时，这些外界影响重视他们的最佳利益，有时候不会。

要想建立和加强自己独特的家庭身份，要有意识地集体努力去做：

- 展示和鼓励对规则的尊重，让孩子们了解原因及其重要性。举个例子，让汽车停在原地直到所有的安全带都系好，而不是在后视镜中看到警察的巡逻车接近时才紧张地摸索着，"啪"的一声系上。孩子们必须知道安全带的作用是保护他们生命，而不是应付警察。建立和推行一套清晰的规则和限制可以增强家庭团结。对行为和责任可预测的指引对润滑家庭机器的齿轮来说很有必要，可以使它平稳有效地运行。当你的孩子足够成熟时，他们可以参与制订和修改这些规则。
- 展示和鼓励对他人的尊重，不管在家里还是外面。这包括示范以礼待人和感恩，以及尊重自己的孩子，我们随后将讨论。
- 展示和鼓励对他人的怜悯心、包容心和理解，不管是在家庭内部还是在外面。有时候我会通过做实验挑战孩子们的爱心。比如，当他们与兄弟姐妹们发生激烈的争执时，我几乎敢打赌其中一个孩子会对另外一个说这样的话："很遗憾我们不能很好地相处。如果我做什么能让事情变好，请让我知道。"然后平静地走开，并不期待对方做出反应。而十次中有九次，另外一个孩子会走过去拥抱，道歉。如果是男孩子们的话，则做出一个男子汉的回应："嗨，我们没事了，对吧？"这样的机会能让孩子们明白，在任何关系中爱心都是一件强大的武器。

● 展示和鼓励诚实、忠诚、负责任以及其他与整体性有关的品质。依靠特定信仰团结的强大家庭身份更容易把这些价值观灌输到孩子身上。比如，当我的一个孩子想背弃一份照看孩子的承诺时，我可能会说："麦德哈斯家的信仰是信守承诺。"如果孩子撒谎时，我会说："麦德哈斯家只尊重事实。"如果孩子背叛友谊，我可能会说："麦德哈斯家对朋友忠诚。"类似这样的话语的优点是没有用指责的语气，因此不大可能引起孩子生气或厌恶的反应。（但也有例外。听到类似的话语后，我最小的女儿宣布她不再是麦德哈斯家的一员。但是，在我写下这些文字时，她还没有收拾好东西或买好车票。）

建立强大家庭的七步

你需要怎么做才能建立强大的家庭身份呢？请看下列建议：

1. 制订可以反映出你的价值观和信仰的优选等级。比如，当你的儿子有一场非常重要的足球比赛时，取消自己的工作计划去为他加油。当你的女儿看起来"情绪低落"时，放下自己的手部护理带她去共度"好朋友日"。毕竟，当你需要帮助或简单的陪伴时，你的家人总在那里。

2. 培养家庭内的关系，确认每个家庭成员都在努力维持这些纽带。这里取得成功最重要的因素是避免相互评价，慷慨地提供无条件的爱和接纳。

3. 鼓励每个家庭成员独立思考。支持孩子尝试去抵制大众媒体和流行文化的诱惑。兄弟姐妹在这里发挥的作用特别大。我的家庭推崇"敢于做自己"的座右铭，因此我常常听见一个孩子对另外一个说类似的话："谁在乎其他人怎么想呢？你应该剪自己喜欢的发型！"同样，家庭成员应相互鼓励做独立、适合自己年龄的事情。当最小的孩子在犹豫是否可以在燕麦粥中加入果脆圈时，应鼓励其他孩子用语言使他高兴起来，而不是怀疑或嘲笑他。当十几岁的孩子为是否邀请他心仪的对象参加毕业舞会而纠结时，鼓励兄弟姐妹们帮助他建立自信，如："你在开玩笑吗，伙计？她应该为你约她出去感到荣幸！"而不是"我不希望你丢人，如果她当面拒绝你呢？"

4. 带领你的家庭建立统一战线支持某项活动或参与某项服务。那么，你可以召开家庭会议讨论你希望孩子们做出什么样的贡献，怎么完成，以及什么时候完成。每个人的贡献都应该是平等的、带着敬意的。虽然某些家庭的服务项目要求每天或每周参与，但即使是每年一次的服务也会给你的家庭带来强烈的目标感。我的家庭愿意在圣诞节前后做一些特殊的事情，如给无家可归的人分发夹克、袜子、手套和毯子，在附近的养老院唱圣诞颂歌，或者装扮成圣诞老人的精灵为当地医院儿童病房的小病人们分发礼物。如果你有足够的时间和精力，你的家庭可以每周花两小时的时间做社区活动，甚至最小的孩子都可以参加，如：在附近的公园捡垃圾，为老年人或残疾人清理人行道和私人车道上的积雪，在避难所做义工，等等。稍后，我将提供一些欢迎整个家庭做志愿工作的资源。

5. 将家庭打造成避风港，让每个家庭成员都能在这里感到安全和爱。有好几种方式可以完成这个工作。首先，让每个人对自己在家庭中的位置感到很舒服。通过给他们为团体做有意义贡献的机会，每个家庭成员都会产生强烈的归属感。他们会知道自己是保持这个家庭活力和健康的必不可少的一部分。比如，在晚餐时我们经常讨论，为什么我们觉得每个家庭成员都起着独特的作用，以及如果他或她不再起作用，将会发生怎样不利的影响。其次，使每个家庭成员对他们作为个体时感觉良好。晚餐时，请每个人指出每个家庭成员的不同点，包括他们的兴趣、才华、个性、观点以及意见。作为家人，应鼓励彼此欣赏和重视别人的不同之处。让这些讨论在没有压力的环境下进行，每个成员都可以自由地发表意见、关注和建议，而不用担心受到嘲笑、反对或批评。

6. 另外一个帮助家庭成员对自己感觉良好的办法是树立健康的态度，以对待错误和失败。家庭成员不仅要允许彼此犯错和失败，而且应当鼓励把错误和失败当作个人成长的必经过程。尝试组织"错误坦诚会"，每个人都说出自己当天犯过的最大的错误以及应从中吸取的教训。还有一个方法能让孩子坦然面对自己犯的错误，那就是家长承认自己犯过的错误并让他们看到自己认错。

7. 传统和习惯能巩固家庭关系。这包括特别的晚餐，假期或话语，每年去一个度假胜地，滑稽的生日歌唱法，父女出游，母子出游，每周安排团体活动，如每周日观看过去的家庭录影，等等。一些传统是向孩子灌输价值观的强大工具，如欣赏和感恩。举个例子，每周四晚上我们家都会写一封匿名感谢信给老师、警察局、朋友或任何为我们做过特别事情的人。

建立强大的家庭关系，就如同建造了一条特别坚固的船，可以在最狂暴的风和最凶猛的海浪中航行。坚固的船体可以抵挡任何你的家庭可能遇到的岩石和暗礁。处在这种安全的环境中，孩子们可以坦然面对他们是谁、他们属于哪里、他们怎样发挥作用以及他们成为什么样的人。当孩子们有了这种清晰的自我意识时，他们就对自己做出负责任选择的能力有了信心——独立自主的选择。

第9章
建立与孩子的师生关系

教育是点燃灯光而不是填满桶。

——法兰克·克雷恩 (Frank Crane)

一旦我们对自己作为家长的作用做了必要的改变，重新定义和巩固了我们的家庭身份，就为建立健康的师生关系打下了坚实的基础。

作为孩子的导师，我们的工作是帮助他们建立强大的自我意识——从孩子的角度，而不是家长的——以及鼓励他们展现和庆祝自己的独特性。有时候导师身份要求我们立刻、直接对孩子的行为做出反应，而有时候我们只需要站在一旁观察，关于他们的行为结果则可以帮助他们进行自我指导。不管是哪种方法都意味着要剔除我们自己行为模式中一些根深蒂固的坏习惯。

本书中描述的每一个育儿错误，我在抚养自己的五个孩子时都遇到过——有时候常常遇到！我仍会时不时地搞得乱七八糟，因此我的孩子们会嚷嚷："妈妈，你需要再读一遍自己的书了！"但没有必要做到完美无缺。尽管我才做到50%左右，但我可以看到这对我的孩子、我的家庭以及我自己的生活产生了多么巨大、正面的影响。想象一下我是多么的欣慰吧！

你可能纳闷我的孩子们是怎样转变的。尽管我有失误，自然也有时候我觉得自己在保护他们远离公共视线，但这种时候越来越不常见。作为一条通用规则，培养孩子的自主性在一开始都显得很疯狂，因为从经验中学习比被迫或放纵地过着娇生惯养的生活要花费更多的时间和耐心。然而尽管缓慢，但他们确实会成长为强壮的橡树。被独裁者抚养的孩子似乎会更早地变成熟，但那是外界力量使然。这些孩子会成长为柳树，而不是橡树。

我的孩子们有自己独特的性格、品位和主见，他们用全部热情去表达它们。此外，他们可以毫不介意地避开同龄压力。一个孩子甚至被她的朋友友好地称为"道德警察"，因为她坚持让他们做明智的选择。我所有的孩子都是他们伙伴中的领头羊，是启发大家而不是控制大家的领队。

尽管他们还有很长的路要走，但我的五个"橡树"都有能力去认识自己，做自己，以及通过经验、观察和安静的思考，根据他们认为对的原则做出选择。我能说的只是："真为那个试图强迫或引诱他们偏离航道的傻瓜感到遗憾！"

我不知道为什么做到50%就能带来这样显著的效果，但我有一个理论：鼓励孩子们自主，让他们看到没有自主性的人生是多么不可接受。貌似他们跌跌撞撞地走进了一个绝对真理。就如同他们没经历过寒冷，就不会完全理解热的概念，或如果没有恨过，就不懂得爱。当孩子们体验了培养他们独立自主的育儿方式，其他方式就显得有瑕疵了。因此我们在教养方面偶尔的退步不会引起怨恨或羞愧，孩子们开始把我们犯的错误当成"妈妈和爸爸需要改进的地方"。孩子们明白，和他们一样，我们也需要进步。

孩子们觉得这种新的育儿方式与原来的相比更高级，于是他们会对我们的指导迅速做出反应。这些策略是公平、严格且充满爱的。它们敦促孩子去审视自己的所作所为，对这些行为负责，并进行改变。一旦孩子们认识到他们对选择的支配能力，他们就会自己掌握方向盘，这样他们便可以迅速地躲避人生道路上的坑坑洼洼。

我特别关注孩子们的感受，但我们自己的感受呢？毕竟，孩子和其他人没有两样，他们也是挫折和愤怒的潜在目标——甚至比其他人更多。当你读到这里时,可能会问:"我可以生气吗?"答案是响亮的"可以!"如果你隐藏起自己的愤怒或其他的负面情绪,就等于在告诉自己的孩子这些情绪必须隐藏在外表下面,而不是暴露在空气中。把负面情绪藏在心中而不是有意义地利用它们,然后将它们释放,就如同吞下电池酸液一样——它会一直侵蚀下去,由内而外地伤害你。

你的怒火对孩子来说应该是一个信号,即你对他们做出的选择不高兴。关键是要有意义地表达你的心烦,这样你的话语就不会成为复仇的武器,而是会激励孩子们做出积极的改变。在本章的剩余部分,我将列举一些例子来说明该怎么做。

最后,你应该是孩子生活中最主要的导师,帮助他们与你认为是好榜样的成年人建立起健康的关系。然后让这些师生关系自然发展,而不是强迫它们发展。随后,我将讨论建立这些纽带的方法,并提供一些有帮助的资源。

建立强大的自我意识

对于想成为独立自主的人来说,首要任务就是建立强大的自我意识。尽管孩子们必须定义自己的身份,但有时候他们需要指导、回馈和鼓励。有时候他们只是需要一位不带任何偏见的导师,有勇气站在他们身边看他们自己摸索着前进,直到他们找到自己。对于困惑于自己是谁的青少年,我最推荐的书之一是《青少年生活策略》(*Life Strategies For Teens*)及其随书工作本。作者杰伊·麦格劳是菲尔·麦格劳博士上大学的儿子。他做了一件非常了不起的事情:与自己的同伴以他们能理解的语言交谈。这个工作本可以激发自我反思以及客观的自我评价。如果你鼓励自己的孩子阅读这本书并浏览这册工作本,他将登上发现自我的旅程,而某些成年人才刚刚开始这个旅程。

允许不完美

孩子探索自我意识的最佳环境是没有外界评价的环境。如果他们想弄清楚自己到底是谁,就必须学会评价自己的优点和缺点。他人的评价只能告诉他们别人想让他们成为的样子。要想鼓励孩子守纪律,家长和孩子交流时必须不包含主观判断。

不评价的育儿方式要求我们容忍自己孩子的不完美。如果我们尝试通过正面或负面的评价驱使他们表现完美,那么,我们就是设计他们身份的人。这也要求我们允许个性差异的存在。孩子们不是从一个模子刻出来的。他们的个性需要空间去成长,他们的品位需要时间去检验。将自己的喜好强加到孩子身上的父母可能会造成孩子的身份危机。这样就造就了一个困惑而不高兴的孩子。此外,一旦跨入中学的大门,由家长定义身份的孩子通常会感到震惊。这种人工塑造的人物角色容易让孩子们受到同龄人的批评甚至拒绝。因此他们不得不建立一种全新的身份去迎合同龄人。

我从幼儿园开始看着女儿的一个同学成长。在她上小学的前半年,她的父母总是确保她穿着昂贵的褶边连衣裙,头发完美地扎着,戴着蝴蝶结,鞋子总是闪闪发亮。她的父母也对她的学习成绩提出了苛刻的要求。如果她的成绩单上有B,她将被禁足。如果她在钢琴演奏会上漏掉一个音节,就会受到责骂。当她进入四年级时,父母强迫她去融入大家,并替她脱掉了褶边连衣裙,摘掉了头发上的蝴蝶结,穿上阿伯克比龙与菲奇牌的衣服。如果推出了新发型,她妈妈会带她去见发型师。如果每个人都去"参加"夏令营,她也不得不去。如果其他人交了男朋友,她也必须有一个。她上五年级时,这位妈妈在家里办了一场男女联谊舞会。我们这可是在谈论小学生,朋友!大部分孩子还没有进入青春期。(天啊,如果听任我丈夫为所欲为,我的女儿们就不能参加她们的高中毕业舞会了!除非允许他在距离女儿们和她们的舞伴两英寸内的地方活动，手里拿着枪。真的是，如果允许，他将为她们挑选舞伴。）

当这个女孩进入中学时发生了什么状况？她完全迷失了。这么些年来父母为她打造的身份在此时变成了笑柄。她获得了自恃清高的名声，此外还有假正经的书呆子"预科生"。（"正经"可能是家长的梦想，但在青少年中间是不受欢迎的。）她的反应是另一个极端——在舌头、眼皮、嘴唇、还有天知道的哪里打洞；尝试吸毒；无理由的性生活；穿着暗黑系服装。十有八九她还搞不清楚自己是谁。

我认为想离家出走、臭名昭著的青少年叛逆现象的原因是身份冲突，而不是自然生物因素。确实，荷尔蒙也在对此添薪加火，但通过鼓励孩子去赢得我们的认可，我们把孩子们打造成了我们想让他们成为的样子，而不是他们命中注定成为的人。在接下来的章节中，你将看到一些我们家长以自己特别的视角把孩子雕刻成自己代表作的工具。难怪今天的孩子们过着双重生活——在成年人面前如天使一般，在同龄人面前则变成了玛丽莲·曼森（Marilyn Manson）。

我们为什么评价孩子以及为什么我们不应该那样做

我们家长经常使用评价——正面或负面——作为电子赶牛棒驱使孩子们在我们想让他们选择的道路上前进。正面的评价告诉孩子："你正走在正确的道路上，并建立我们觉得可行的身份。"而负面评价则告诉他们："快去五号道，小狗狗！你并没有朝着我们想要的方向走。"尽管两种方法都可以有效地将我们的小牛从牧场赶到加工厂，但他们的真实身份被完全扼杀了，变成了牛肋排。

负面评价会引起怨愤，破坏家庭的和谐，它们能侵蚀孩子们的自尊。正面评价也没有好很多，这种方式往往人为地夸大孩子的自尊，随后又猛然让他们觉醒。当家长表扬孩子时，孩子的脑海中出现的第一个念头是他没有做好。比如，如果孩子听到类似的话："看，你的房间真是一尘不染！你真是一个爱干净的人。"他所想到的第一件事情可能是他应该为没有住在像猪舍一样的房间中感到受宠若惊，而不是自己是多么完美的奇迹。我们将在下面的"如何做一个客观的家长"中讨论有用的表扬方式。

所有评价式的育儿方式都会阻碍孩子客观地评价自己。没有这项重要的自我评价能力，他们就会依靠他人的意见而不是形成自己的。要想成长为独立自主的人，我们的孩子们必须有能力评价自己在生活中的优点、缺点和所作所为。

下面列出来一些应该避免的家长评价：

否定评价

- 批评："你的发型真是一团糟。"
- 唠叨：这个我们都了解。即使已经找到石油了，我们也得继续钻井。
- 训斥："你怎敢这样对待你的小妹妹！"
- 否定标签："你真笨！"
- 否定比较："为什么你就不能像你弟弟一样诚实呢？"
- 否定概括："你总是忘记把外套挂起来"或"你从来没有按时交过作业"。
- 引起内疚的话语："好吧，我会开车送你去上学。但如果你再次错过校车，让我迟到的话，我可能就会被解雇了"或"如果你真的爱我，就不要老是顶嘴了"。
- 侮辱和发泄愤怒的话语："你真是一无是处！我受够你了！"
- 否定性的反问："你为什么不能好好表现？"

肯定评价

● 对孩子本身而不是他们行为的肯定评价:"你真是一个好孩子。"

● 体谅孩子的问题或弱点的肯定评价:"孩子,不要担心。在你这个年纪的时候,我也常常被捉弄。"

● 肯定标签:"你是家里最有创造力的天才。"

● 肯定比较:"你将是学校里最聪明的孩子。"

● 肯定的概括:"你对大人总是很有礼貌"或"你从来都信守诺言"。

● 其他有害的表扬方式:广义的赞美("哇哦,真棒!");过度、任意或不真诚的表扬("我的小天才今天怎么了?");表扬孩子取得成功的标志(奖杯或其他奖品),而不是关注孩子是如何做到的。

如何做一个客观的家长

不评价的育儿方式,要求采用不评价的策略去指导或表扬你的孩子。可以尝试第7章中的技巧:"我"的信息、公正的观察、有限的选择、极简的教养方式、提问、逻辑和自然结果。

下面讨论一些上述技巧如何改变否定评价的例子。

不说"好吧,我会开车送你去上学。但如果你再次错过校车,让我迟到的话,我可能就会被解雇了",而是在孩子无助地落后之前,尝试公正地观察:"我看见你还没有吃完早餐,校车再有五分钟就来了。"

不说"为什么你就不能像你弟弟一样诚实呢?"而是尝试提供客观事实:"大家都欣赏说实话的人。"

不说"你总是忘记把外套挂起来",而是尝试用极简的方式,指着外套叫孩子的名字。

"你从来没有按时交过作业。"这样的话语可以用逻辑结果代替。比如，你可以和儿子的老师达成一致，找到合适的解决方式：要求他在课间休息时、午饭时或放学后完成没有写完的作业。如果他把完成的作业落在家里了，老师可以要求他留在教室重新写一遍。或者如果分数对他很重要，他未完成或忘记的作业都将获得零分。

自然结果很适合经常错过校车的孩子。在确保安全的情况下，让他走路去学校。或你可以开车送她，但仍旧要按照你自己的安排，这就意味着她会迟到。这对讨厌由于迟到引起全班注意的孩子很奏效。自然结果对没有赶上网球队训练的孩子也很有效。失望这个结果已经足够了。多表扬孩子的内在成就而不是指出他没有完成的外在目标，好的教养是关注孩子努力的积极方面："我欣赏你在这方面表现出来的坚持"，或"我敬佩你努力去做准备工作时的投入"。

有限的选择可以用来替代评价性言语。

不说"如果你真的爱我，就不要老是顶嘴了"，试着说："当你觉得自己可以彬彬有礼地说话时，我们再继续交谈，解决这个问题。"

不说"你的发型真是一团糟"，你可以说："是时候去等校车了。你想先做什么呢？——装好午饭还是梳梳头发？"

也可以用提问替代"你从来没有按时交过作业"，可以这样进行，一个接一个地提问，每个问题都让孩子自己去思考他面临的情况：

"我看到你又忘记交作业了。学校对没有按时交作业的规定是什么？"（当孩子说出这个规定时，他不得不清楚地理解它的意思。）

"你觉得为什么学校会做这样的规定？"（现在，孩子必须思考这条规定后面的原因并表达出来。）

"你觉得你为什么没有想起这个责任来？"（这里，他将尝试弄明白自己是怎么造成了这样的结果。）

"你需要怎样做才能让自己记住？"（用这个问题暗示你相信他可以自己解决这个问题。这样，他将找到方式帮助自己避免重复犯同样的错误。）

通过反思评价式教养的例子（自己的或他人的）练习不评价的教养是个很不错的主意，然后就可以把实施的方法替换为上述七个培养独立自主的孩子技巧中的一个或多个。

用更客观的方法替换你的肯定评价，这样，孩子可以发展他们自己的内在表扬过程——这种能力将会支持他们抵抗同龄压力、恃强欺弱行为、嘲笑以及其他对他们自尊心的攻击。尝试用下面五种外在生成的表扬方式：

1. "我"的信息："你每天帮助照顾婴儿一个或两个小时算是帮了大忙了。我确信她受到了非常好的照顾，我可以好好休息一下了。"

2. 公正的观察："我注意到你和大人聊天时表现得那么好。你注意到当你问麦克叔叔他的花园怎么样时，他是多么高兴和惊喜了吗？"类似这样的话语不带个人评价，不强调还有什么需要做，能促使孩子去思考他们的选择。

3. 无声的表扬：简单的点头、眨眼、拍拍背、微笑、亲吻、拥抱或竖起拇指。有时候说得越少，传递的信息越真实。我们的孩子太习惯于唠叨了，以至于经常"对家长充耳不闻"。如同轻声说话会让他们竖起耳朵一样，简单的肢体语言就能引起他们的注意。

4. 不经意的表扬：当你知道孩子在听，而他不知道你已经知道他在那里了，要向你的配偶、其他家庭成员、邻居或朋友高度赞扬他。"你看到亚当在足球比赛时的那一脚了没？他所有的努力训练可没有白费啊！"当孩子听到他不在场时有人赞扬他，这种赞扬就显得更真实——别有用心的动机除外。

5. 提问：指引孩子进行自我评价，让我们的意见、评价和主动提供的建议自动淡化:"你觉得自己的地理作业最好的部分是什么?""你是怎么想到用这个办法处理边界阴影的?""这项作业最难的部分是哪里?""你是怎样克服这个困难的?""完成这个作业时你感受如何?"

练习从上述五种技巧中找到替代自己评价性或无效的赞扬。在这种客观的表扬形式中,家长扮演的角色是热情的观众而不是游乐场的裁判。毕竟,要学会客观地评价自己的行为,孩子们需要的是我们积极的反馈和鼓励,而不是我们的自豪和认同。一旦孩子们学会了从内心赞扬自己,他们就能由衷地欣赏自己的能力。独立自主的人必须能认识到自己成就伟业的潜能,这样才能搬得动大山。

一旦我们剔除了评价——无论是肯定的还是否定的——孩子们就能坦然面对我们努力建立起来的师生关系。他们不会觉得有必要去保护自己的自尊或自我价值。他们不会有反抗的冲动。他们不会沉浸在自我解嘲的情绪中。他们不会指望别人去衡量自己的行为。

没有了不利的干扰,我们的孩子就会自由地去思考:为他们的问题寻找解决方案,考虑自己错误的后果,确定自己选择的正确性,建立自己的身份。简而言之,他们会像独立自主的人那样去思考。

避免有条件的爱和接受

当你为自己的爱添加了条件,不管是有意识的还是无意识的,你的孩子就会觉得他们必须全力以赴去赢得你的认可。我们怎么确定是否暗示了自己的爱和接受是带着附加条件的呢?让我们来盘点一下这些方法:

爱的限定

"我爱你,但我希望你能变得更加靠得住。"

"如果你为我摘些花的话,我就更爱你了。"

"如果你能为你可怜的老妈妈把拖鞋拿过来,我会很爱你。"

试着去区分你爱的宣言和你的回馈及要求。这里列举了一些上述方法的其他表述方式:

"当我下班回到家看到晚饭还没有开始准备时,就会觉得很受挫。"

"看起来你似乎知道怎样才能让我提起精神来。我在工作上很不如意,但如果你能为我采摘一束漂亮野花的话,我就百分之百会觉得好多了。"

"你能帮我把拖鞋拿过来吗,亲爱的?我尽力了,但我认为自己连眨眼的力气都没有,更别说去拿东西了。"

道歉的限定

"很抱歉我打了你的屁股,但你知道在我读报纸时,不能忍受太大的吵闹声。"

正如你看到的,限定符否定或降低了道歉的真诚性。最好可以区分道歉和否定的回馈。

对于上面的例子,你可以说:"很抱歉我打了你的屁股,我不相信自己竟然会对孩子动手,我应该控制住自己。请接受我的道歉。"

稍后(至少不是在接下来的五分钟内),你可以就孩子的不当行为发言:"我在读报纸呢,你的动静太大了。客厅是一个我们享受和平与宁静的地方。我希望你以后能尊重这件事。"

要求互惠

"至少你应该谢谢我昨天晚上帮你完成家庭作业了。"

如果能不要求感激,而是去关注一下帮助自己爱的人获得成功时的那种感觉,该有多美好。

可是,我们都不想抚养一群没心没肺的小崽子,因此我们必须教会他们去表示自己的感激。想做到这点有很多的方法,比如,大声地说出你期望孩子们说出的话:"妈妈,谢谢您昨天晚上帮助我写作业。"偶尔,我会将

"妈妈"换成"噢，宇宙中最高的指挥官"。大家都很赞同！但不要不停地唠叨让他们去重复你的话，否则最终他们会将你不断重复的样子内在化。

你也可以提供客观的信息："当人们帮助别人时，他们希望受到赞赏"，或者"詹金斯家的信仰是当别人帮助了我们时，我们要表示感谢"。

示范不现实的优越感

"我觉得老板不为我们提供免费车位太荒谬了！"

不抱怨你认为别人欠了你什么，只把它放在心里，或说出你可以贡献的方法："公司不再提供免费车位了。我想经济衰退真的伤到公司的底线了。这周，我会去面见老板，提出一些我对激励制度的看法，或许这能帮助提升员工的工作效率。"

只表扬完美

表扬完美包括只把获得A^+的试卷贴在冰箱上，或只表扬孩子们最优秀的成绩而忽略他们为进步所做的努力。

相反地，关注孩子的成功——或是失败——则需要大量的精力和坚持。而更理想的状态是，让孩子们自己决定什么值得表扬。如果她宁愿把第1000个失败之作贴在冰箱上，而不是她最近地理考试得了A的试卷，那就这么做吧。

说"我真为你感到骄傲"

这句话可能看起来毫无害处，但它确实告诉了孩子"把我的骄傲作为衡量你行为，甚至你的自我价值的标准吧"。它也会引起这样的情绪："是的，但你是我爸爸。你必须感到骄傲。"

尝试另外的选择，鼓励孩子去评价自己的行为："我打赌，你很骄傲"，或者"你一定很骄傲"。这两种说法都是在让孩子思考他是否骄傲，以及让他思考如果是这样的话，原因是什么。

让孩子了解到不管他们做什么或说什么，我们都爱他们和接受他们，他们和我们在一起就会觉得轻松。这种坦然来自于信任和崇拜——两种品质让我们的指导更加有效。当孩子明白尽管我们可能不喜欢他们的选择，但我们会一直爱他们，孩子们会欢迎我们提供的指导，而不是试图将自己彻底改造成我们满意的样子或者削弱自己的自尊心。这张无条件爱的安全网鼓励孩子去抓住他们可以学习的机会——所有独立自主的人都乐于冒险。

建立自尊

要想让孩子尊重他们自己，你首先应该尊重孩子。比如，控制住晚饭时从她的餐盘叉起食物的冲动；不要不敲门就进入她的房间；不能不经允许就借走她的东西；当她和你说话时，不要打断她或没有一直看着她的眼睛；在公共场合遇到熟人时，不可以忘记为她做介绍。

大部分人，包括我们的孩子们，工作但没有什么切实的效果。当我们尽量做一名好家长时，效果反映在孩子们的幸福感上，但这没有证据可以证明，我们用手握不到、摸不到，用鼻子闻不到，用眼睛也看不到。我们的孩子在学校好好学习，但他们获得的知识和能力同样是无形的。

因此，我们需要停下来，和孩子一起回想最近做了什么可圈可点的事。即使是最平凡的小事，例如在没有要求的情况下，你的女儿把垃圾拿到外面去了，或你的儿子在你劳累的时候给你冲了一杯茶。如果不反思我们做了什么让这个世界变得有些不同，大人和孩子可能会在激烈的竞争中卡壳，急匆匆地追赶着目标而没有时间欣赏我们的进步，这对孩子或大人的自尊都没什么好处。

因此，鼓励孩子认识、评价和发展对自己进步的骄傲，无论大小。你可以通过写日记或大声说出自己的进步的方式树立榜样。你也可以鼓励孩子在每天结束时在日记中记录自己的进步。一开始他可能需要你的帮助去回想某些事情，但最后他将养成习惯。

时不时地，和他一起阅读日记，讨论每个进步的价值，回想他完成每个目标所做的努力以及克服的障碍。此外，帮助他探索自己独特的能力和才华，以及怎样为不同的团体做贡献：他的同学们、朋友们等。开放式问题可以有效地激发他需要的自我反省。

一些父母喜欢把写日记当作和孩子分享的活动。这不仅为孩子提供了他们需要和父母共度的黄金时间，还提供了一个提出和接受建议及提醒的机会。

积极的同龄环境也可以促进自尊的兴旺成长，并不是所有的同龄影响都是负面的。实际上，孩子们在很多方面可以相互帮助：示范负责任的行为、彼此施压以做出正确的选择、采取健康的态度、提供客观的反馈以及设置积极的目标。积极的同龄圈子也鼓励孩子们去探索自己的极限和潜能——这是尊重自己作为人的关键元素。这就是说，作为家长，我们需要了解孩子们的行为以及朋友，这样我们才能鼓励积极的同龄关系，从而阻止消极的元素。

学会放手

孩子们生来就很小且很无助。他们在生存过程中需要大人供给的营养、关爱、安慰、住所和保护。因此我们自然而然地认为自己是他们的长官。但随着时间的推移，孩子们的能力慢慢地增长，对我们的需求也就慢慢地减少了。

我觉得孩子们在这个过渡时期总是非常困难的。每个婴儿到了学走路的时候，我都要坚持度过几段时期，比如孩子们踢在我的皮肤上留下的疤痕、狗狗身上一块块的缺皮少毛、饭碗像地对空导弹一样在屋子里面飞行，以及孩子们刺穿耳膜的"不"。这时你才意识到："我是不是该约束这个小屁孩儿了？"是的，承认孩子已经有自己的主意了，他可以自己做选择了，以及他的处理能力越来越独立了，并不是件容易的事儿。

这对大一点儿的孩子同样适用。举个例子，五岁大的孩子就可以准备自己的早餐了。这里我没有说煎饼、炒鸡蛋和培根，而是他可以为自己冲燕麦、给吐司面包涂黄油、倒牛奶，等等。然而许多家长却穿上围裙，戴上厨师帽，充当孩子的个人快餐厨师。当然，你需要监督孩子们，尤其是当他们的早餐是馅饼、巧克力牛奶和太妃糖时，或当他准备的早餐需要点火和餐具是易碎品时。

当孩子八九岁时，他应该可以在很少的帮助或敦促下完成自己的家庭作业以及杂事了。但据我所知，有很多家长在孩子周围盘旋着，就像蜜蜂在蜂蜜周围一般，不停唠叨着让他们忙碌起来，替他们思考数学题，为他们拼写单词。

当孩子差不多十四岁的时候，已经没有很多事是你可以完成而他们不可以的。好吧，他不能开手动挡的汽车，不能核对银行对账单——我勉强能做到，或者不能找到一份非常赚钱的化学工程师的工作，但他可以照顾小一点儿的孩子，帮助粉刷房子，给草地割草和购买杂货——如果他的溜冰板后面可以挂一辆小车的话。换句话说，孩子不像我们认为的那样无助。在第10章中，我们将讨论适龄能力。

也就是说，尽管孩子们可能年龄小且缺乏经验，但他们并没有因此而低人一等。我们的优势仅限于智慧和经验，我们必须运用智慧和经验去指引他们，而不是统治或控制他们。作为好的家长就是要让自己走出这份工作。而这需要让孩子认识到他们的潜能并给他们机会去取得这些能力。

为什么我们会运用自己的优越性而不是优点，以及为什么我们不该这样做

迟缓地认识到孩子们不断增长的独立性不是我们优越性的唯一表现。我们之所以会这样因为它是有效的。当我们要求孩子对自己猪圈般的房间进行一次彻底打扫时，将他移交给一帮严肃的环境保护人士甚至都不及一句简单的威胁："你不要逼我去拿皮带。"

这使我们的工作变得容易很多——在短期内——运用我们的外形、力量和权威对付孩子。虽然"滥用权力"的育儿方式对让孩子顺从很有效,但我们迟早会为这样的育儿捷径付出代价。

一方面,"强权即公理"的育儿模式是反应性的而不是预期的。因为我们经常在生气或受挫时采用这种方法,而不是冷静或善于分析时。因此,我们花费很少的时间去弄清楚孩子不当行为的根源和解决办法。我们的关注点是当即制止他们,这样我们就不用再为他们的行为感到心烦了。

另一方面,预期性的育儿把孩子的不当行为当作受教育的时刻,而不是让我们烦恼的事情。这种观点鼓励我们平静地找到问题的根源,这样我们就能更好地指导孩子弄明白为什么她的行为是错的,她应该怎样做,以及她怎样才能阻止自己做同样的事情。

控制策略有"你与我作对"的意思,这会引起孩子的怨愤、羞愧和怒火。一些孩子会通过发展有效的操控工具获得补偿,这些工具将为家长与孩子的权力斗争火上浇油。

始终在家长统治下的孩子会经常变得目中无人和消极。一些孩子甚至患上了对立违抗性障碍,对权威缺乏尊重、尝试冒险行为、对自己的错误选择不感到悔恨等等。另一些孩子变得畏首畏尾,缺乏从内在找到指引的自信心。他们的发展保持不变,甚至退步。他们不能承受负面的同龄压力或来自别人的嘲笑,经常成为被欺负的对象。

依靠这种育儿方式的家庭经常满是冲突。每种关系都受到了敌对的不良影响,并且由于争论和消极,整个家庭气氛都变得很沉重。

无控制的教养:打破十种习惯

消除统治和控制策略对我们从残酷的老板转变为导师而言至关重要。这里列举了一些阻止孩子找到他们内心独立自主意识的教养习惯:

1. 威胁和最后通牒

"马上到这里来,你会庆幸自己这样做了!"

"如果你不马上停止的话,我会让你好好哭一场的。"

"你在逼我离开这张椅子。"

采用第7章中讨论的七个技巧中的一个或多个替换威胁。

2. 不公平或过于严厉的惩罚

"什么?你的成绩是C?你被禁止外出三个月!"

"写100遍'我不再拔路威的胡子'。写不完就不许出房间。"

"我不在乎你是否说了你没有用我的口红画画儿,不管怎样,你都会挨揍。如果你真的是无辜的,那么这算是为了我没有逮到的所有事情。"

纪律必须不仅仅是公平的,还要能展示出适合此类错误的坚定性。如果不是的话,孩子们将会反击或保卫自己的尊严,而不是反思自己的行为进而找到方法去改进。再重复一次,第7章中提到的七个纪律技巧中的任何一个都会很奏效。

3. 不合逻辑的惩罚

"我不敢相信,你将所有的脏东西都带到家里来了,坐在角落里直到我允许你离开。"

"因为你未经允许借走了我的化妆品,所以一个礼拜不许你看电视。"

"我已经厌倦了你总是揍你姐姐。过来,是时候打你屁股了。"

当纪律对孩子的不当行为只有一丁点儿作用或完全没有作用时,会发生两件事情。其一,孩子会心存怨恨并进行猛烈的攻击,而不是对自己的行为及后果进行反思。其二,缺乏逻辑会让孩子感到困惑,而不是能教导他们。纪律必须有逻辑性,要让孩子了解到自己行为所造成的后果,这样他们才能避免同样的事情再次发生并做出补救。独立自主的人很早就明白自己所做的每个选择都会带来相应的结果。

4. 竞争激烈的比赛

"让我们看看谁最快准备好去上学。"

"我真喜欢提米乖乖地坐在椅子上的样子。"

"让我们看看你们能多快拿回报纸。我会为你们计时。各就各位，预备，跑！"

我真的讨厌处理这种情况，因为坦白讲，虽然这种方法绝对奏效，但孩子们与生俱来的竞争意识会让竞争者之间的关系变得有争议，并为现在很流行的胜利者或失败者心理火上浇油。最好能有礼貌地做出请求，而且当孩子拒绝时，要运用上文七种纪律技巧中的一个或多个。

5. 寻找真理的任务

我见过的所有的父母都借助过"我们有办法让你说话"的技巧。当孩子说谎时，我们会觉得很不安，会把孩子围在中间，采用任何方式去逼供，就差烧红的烙铁和拷问台了。但这种策略几乎从来没有成功过。事实上，被要求寻找真理的孩子通常都变得害怕真理，然后更熟练地运用他们"聪明才智"进行敷衍。因此，不要采用严刑逼供使他们和我们都感到筋疲力尽，试试下面的方法：

"谁拿走了我的缝纫剪刀已经不再重要了。我想要的只是让它回到原位，否则只能从每个人的零花钱中扣除一些买一副新的。在我们家里，我们要尊重其他家庭成员的财产。"

"我到家时你们两个都在车库里。到底是谁涂花了所有的墙现在已经不重要了。你们俩都去拎一桶肥皂水，拿一把板刷把这些洗掉。如果你们中有一个人刚才只是在一旁看着了，那他本来有责任当场阻止那位艺术家。"

我喜欢最后一个例子，因为它能激发孩子们去照顾彼此，并在某种程度上有责任帮助其他人做出恰当的选择。还有一个额外的好处：有过错的一方收获了他或她应得的自然结果——不幸被处以私刑一方的怒火。此外，如果我们不给"无辜的旁观者"一个说法,就是在鼓励孩子们采取"人人为自己"或"寻找罪魁祸首"的态度,助长现在社会上造成敌意和孤立的胜利者或失败者心理。

6. "时间危机"的话语

"快一点儿!你上学要迟到了。"

"不要再磨蹭了,否则我永远都不能买完东西!"

"快点儿,赶快吃完午饭,否则我们就赶不上电影了。"

偶尔在你的声音中添加一点儿紧迫感会点醒孩子们,但通常情况下,这只会让他们焦虑和不安,以至于整个家庭的节奏都会变得很疯狂。这样当然不会帮助他们准时。在这种情况下,自然结果最有效。如果你的孩子上学迟到了,他会得到一个迟到记录,大多数孩子认为这是令人难堪的经历。如果孩子吃午饭时太磨蹭,而你已经答应饭后开车带他去看电影,这时要么拿走食物,带他去看电影,要么说:"看起来你需要很长的时间吃午饭。我们可能来不及去看电影了,但我肯定这个电影还会再放映一段时间,所以我们下次再去吧。"如果你的孩子们在购物时磨磨蹭蹭,把他们安顿在车里送到保姆家,然后你就可以安安静静地完成这个任务了。这可能听起来很不方便,甚至事与愿违,但我几乎可以保证这样做了后,他们的磨蹭就会成为过去式。甚至下次你带他们出门时,你可能不得不跟上他们狂热的步伐。

7. 有辱人格的惩罚

"竟然说这样的话,你真是一个坏女孩!我要用肥皂好好洗洗你的嘴巴。"

"你真是一个坏男孩。马上去墙角面壁去!"

有辱人格的惩罚会腐蚀孩子的自信心,引起他们的怨愤和报复心理。自然或逻辑结果以及其他纪律技巧,是指引孩子们符合逻辑但又不让他们崩溃的工具。

8. 无理的否定

我的丈夫曾经有"说'不'的男人"的美誉。我的孩子们还没来得及说"爸爸，我们能……"，就已经被一声响亮的"不"打断了。我们很容易就掉到这个陷阱中去，因为从开始学走路起，孩子们就在不断地测试我们的底线，游走在灾难或毁灭的边缘。我们的工作就是保护他们远离缺乏经验的地方，因此停止、否定和拒绝似乎可以自动从我们的嘴里蹦出来，好像我们的嘴巴有自己的主意一样。但如果我们无理地阻止或否定孩子，或不听他们讲完，他们要么生气，进行打击报复，要么感到很无助，停止追求生活。

在你否定之前，先停下来问自己几个问题："这个请求合理吗？如果我回答'好'的话，最坏会发生什么样的事情？回答'好'的话，有任何好处吗？我的孩子能吸取教训、变得更独立、获得或磨练某种能力、提高他们的自我感觉吗？"你会惊讶自己到底有多少次对这些问题的回答从"不"变成了"好"。无论何时说"不"的时候，都要有一个可以站得住脚的解释——不仅因为这是孩子们应得的，还因为每个解释后面都有要学习的东西。

9. 负面的话语

我们倾向于反应性而不是预期性的育儿方式，使我们大多数人严重依赖可以当场阻止孩子的话语。

由于我们基本上是在发出命令，这些话语就避免了孩子们进行思考。如果他们真的在思考，那肯定也无关于他们是否应该改变自己的行为模式以及为什么。

他们的思考仅仅限于"我希望爸爸不要一直告诉我不能做什么"，或"为什么他们就不能偶尔说一次'好'呢"，或"如果她再唠叨一次，我就搭上香蕉船去外蒙古了"。经常对孩子使用负面话语的家长造就了充满怨恨、目中无人的孩子，他们会对父母的压迫进行反抗。

此外，这些话语让我们只看到孩子们的缺点而忽略了他们的优点——看到他们做错的事情，而忽略了他们做对的事情。这最终将伤害到孩子们的价值观。

我并不是建议你把所有负面的话语从你的词汇表中剔除。但几乎在每个例子中，这些话语都可以避免。当一个孩子要求出去玩时，比较下面这两种反应："不，你不能出去。你还没有完成你的作业"和"好，如果你做完作业了，就可以出去玩儿"。

不说"不要在码头上奔跑！你会跌倒弄伤自己的！"试试提供客观的信息："沿着码头奔跑是不安全的。"你也可以任由孩子滑倒——除非太危险了——然后特别温柔地说："天啊，提米，很遗憾你忘记了我们关于在码头上奔跑的规则。"同时下嘴唇颤抖着。这样提米绝对会将注意力集中在他的选择上以及考虑将来如何避免，而不是朝你发泄他的不满。

10. 交流障碍

以下是我们的父母曾使用的话语——并且我们曾发誓自己作为父母绝不会说的话。（为什么我对自己撒了这么一个赤裸裸的谎！）我们经常发表言论告诉孩子们停止哇啦哇啦地瞎说，因为他们所说的话并不重要，并且有时我们这样做不是因为受够了言语折磨，而是我们没有弹药了，无话可说了！一些例子甚至包含了以"我不在乎"或"没关系"为开头的话语。例如，"我不在乎你是否保证好好表现。你不能去参加艾玛的派对！"或"没关系。我是不会让你去埃迪家的"。

如果这些话语是你抵抗乞求和抱怨的最后防线，你最好只是说："我觉得没有必要再重复。"（你可能不得不一次又一次地重复，坚定而平静地，直到你的孩子们投降。）

或者你可以对孩子的唠叨做出这样的反应，先对她的请求表示认可，接着使用"但是"，最后表明你的立场。举个例子，"我知道你一直期待着这周末和埃迪一起出去玩儿。但是，他因为酗酒给自己带来了很严重的麻烦，并且我不愿意让你的安全受到危胁"。

如果孩子坚持的话，一直重复"但是，我不愿意让你的安全受到危胁"。

其他交流障碍包括历史悠久的"讨论结束！""我不听这些！"或我母亲的最爱——"时间到！通话完毕！"我童年的大部分时光都在纳闷她是否是艾米莉亚·埃尔哈特的化身。

如果你受够了这种口头的拔河比赛，你可以说："这场谈话一直在兜圈子，我已经筋疲力尽了。我已经做出决定了，没有必要再去一次次地重复同样的观点了。如果你们找到了自己觉得有效的折中办法或观点，就把它写下来，晚上我们再分享。"（最后的部分是可选的，如果你的决定没有一锤定音，则可以使用。）

鼓励孩子独特的洞察力

正如我前面所讲的，所有的孩子都是独一无二的，不仅表现在外表、个性、才华、兴趣、优点和缺点上，而且还表现在他们的思想上。为帮助孩子成长为独立自主的人，家长必须给他们独特的世界观所需的空间，允许他们按照自己的方式发展。否则，孩子的思想就不是他们自己的，而是别人的。没有这种拥有感的话，孩子就不会支持这些思想，也不大可能对依靠这些思想做出的选择负责任。

孩子逻辑的果实掌控在他们生活中所做的每一个决定中。对选择的拥有感是区别做生活的小卒子还是玩家的标准。他们知道自己所做的每个决定，要么给他们力量，要么使他们衰弱。为成为自己生活的主人，孩子们必须进行创造，依靠自己的思想并对它有信心。

不要告诉孩子该怎么思考

一个确保可以剥夺孩子独特洞察力的方法是告诉他该想什么。当我们这样做时，就如同说："你不知道该如何为自己打算，所以最好让我替你想吧。"最终，孩子被引导着去相信他的洞察力是有瑕疵的，发现很难相信自己形成思想和见解的能力，很难把这些转化为自主的选择。

为什么我们要这样做？归根结底还是因为我们的优越感。毕竟，对于孩子生活中大多数的事情来说，我们确实比他们知道得多。（当然，一旦他们进入青少年时期，他们的智商将上升50个点，而我们却直线下降到低能的水平。）但不要告诉他们该如何思考，我们需要帮助他们弄清楚他们该如何依靠自己。

下面列举了一些告诉孩子该如何思考的话语，以及替代这些话语的建议。

思想作废者

思想作废者不考虑孩子的见解或主意："你在说什么？你不喜欢嘎吱船长（一种麦片的名字），你喜欢果脆圈。你不记得了吗？"你可以给孩子一个选择，允许她做任何决定，即使她上个礼拜告诉你她讨厌嘎吱船长。否则，这永远不是他自己的选择，而是你的选择。

让我们再看一个例子："你穿这件衣服看起来一点儿也不土！我不知道你怎么想的。它们真可爱！"也许孩子想要的是安慰或认可，但轻视她的见解一点儿作用也没有。

将这种作废者替换为："天啊，很遗憾你这样想。你想在我们出发前换件衣服吗？"你完全可以表达对孩子意见的不赞同，但我们说出自己的意见就行了，而不该陈述刻在石头上的事实。例如，你可以说："从我个人来看，我觉得很合适，但重要的是你是怎么想的。你想在我们出发前换件衣服吗？"

思想灌输者

思想灌输者告诉孩子他们该怎样思考："你应该为自己的成绩单感到骄傲。"作为她的家长，最好通过提问帮助孩子自己弄清楚："你怎么看这些分数？"

另外一个例子："不要傻了。你怎么会讨厌自己的弟弟呢？"向孩子们展示你相信他们可以自己解决与兄弟姐妹间的争吵，控制住自己不去干预。每当我的孩子们大声争吵时，我都会把他们赶到院子里去，说："等你们解决好问题了，再回来。在那之前，我不想让争吵声打扰我的宁静。"

使"孩子们不能理性地思考"的镇压者

镇压者告诉孩子们还是小孩子的身份，他们是不能独立做决定的。当孩子真的还小或还不能承担某项任务时，可以给他们看你做这样决定的逻辑并提供适龄的工作。如果没有理性的解释，"你太小了"或"你太年轻了"只会让孩子感到生气或羞愧。如果他们盲目地接受我们的观点，他们对自己独立思考能力的信心就会被削弱。

"我已经告诉过你了，"事后思想镇压者会告诉孩子类似的话，"看到了吧！我告诉过你要依靠我为你做决定。看看你制造的这一堆麻烦，你显然一点儿也不擅长做这个。"同样的，这打击了他们对自己选择能力的信心，以至于他们通常犹豫着不去做选择——尤其是他们认为重要的选择。这种决策瘫痪造成了孩子们对低成就、失败、恐惧以及同龄压力的抵抗力差。相信我，如果孩子们不会自己做决定，他们的同龄人会替他们做的。

最后，类似"孩子们只能被照看但不可以发表意见"的话语或态度，传递的信息是大体上孩子们在心理上还不擅长做决定、提出想法和形成见解。很多时候，类似这样的话语是为了避免被孩子们典型的吵闹、闲聊或不间断的请求打扰。但不管孩子有多么小，都有很多适合他们年龄的决定去做，就连婴儿都能决定是微笑还是哭泣。一旦他们拥有了必要的认知能力，甚至是特别小的孩子都可以有自己的意见和见解。

如果你想让孩子们加强他们的逻辑能力，培养足够的信心去依靠自己的选择，那你必须给他们机会去思考。尽可能多地为他们提供机会去做适合他们年龄的选择。邀请孩子们就他们能理解的事情发表看法——不管事情的大小——当他们这样做时，试着不去批评或嘲笑他们。解决问题或做计划时，鼓励孩子们分享自己的主意。尽管你没有必要采纳他们的每一个建议或想法，但可以把它们当作另外一种观点。允许孩子们分享他们的想法，我们就会开启一个与孩子的对话——他们，以及我们都能从中学习。

不要强迫孩子去顺应

媒体和流行文化形成的标准告诉孩子们："你不需要决定自己在时尚和音乐上的品味或制定自己外表或行为的标准。幸运的是，其他人可以替你做出这些决定。"这样的信息破坏了孩子们对自己逻辑能力的信心。一旦他们失去过多的自信，他们就会跳上流行的花车，而不是自己有意识地做出选择。并且当他们选择盲目地做出反应而不是有意识的反应，他们对同龄压力的抵抗力就会消失。

有时候孩子们采用非常规的方法来表达他们的独特性，以至于吓到我们。毕竟，我们大多数人都是在外部指引下长大的。当我们的孩子穿着军靴、紫色袜子、格子短裤以及一件涡纹花呢上衣去上学时，大家会怎么看待我们呢？并且我们绝对不能容忍自己的孩子因为打扮而被同龄人取笑！但事实上，是孩子自己决定了他们的品味，定义他们为自己设立的标准，而不是我们家长，也不是他们的同龄人，更不是社会。

除非他的衣服脏得让环境保护人士在门前的草坪上发动抗议，或鸽子在他蓬松的新发型上盘旋，嘴里叼着筑巢材料，否则就让孩子来表达他们的个性吧。

当孩子向你询问时，再给出意见，但不要做任何评价。比如，如果你的孩子问："你觉得这件上衣和下面的牛仔裤搭配得好吗？"你可以回答"两种类型的条纹一般都会冲突。一些人觉得看起来不舒服，那是因为太晃眼了。"

避免要求孩子顺应的话语："你不能穿这双鞋去上学！你疯了吗？同学们都会笑话你的！赶快上楼去换双鞋。"

同时也要远离鼓励孩子顺应的赞美："你穿这件美国鹰的牛仔裤真是好看。听说这个牌子现在正风靡，你的朋友们肯定会大加赞赏的。"

用羞辱驱使孩子们去适应也不是一个好主意："你最近看起来胖鼓鼓的。我觉得你该减肥了。"或者："你不要留这样的发型，行不行啊？"

尝试为孩子示范自己的个性。举个例子，当我去学校接孩子时，在妈妈中我显得特别惹人注目。其他妈妈们留着修剪得漂漂亮亮的指甲，穿着设计师设计的服装，带着时尚首饰，看起来像刚刚从花园午餐派对回来一样。而我呢，穿着裤边已经磨损且满是油漆点的短裤，和我最喜欢的"代表我的孩子们"的T恤，指甲中还残留着花园的泥土，因为我刚把我的九重葛移栽到花园中。偶尔，我的孩子会提出意见和建议，尤其是当他们觉得有必要与我保持100英尺的距离时——这样就没有人怀疑我们之间有基因联系了。可是，我却在利用这个机会维护我的权利，表达类似于这样的话："我不关心其他人穿什么或在公共场所如何表现。我做自己该做的事情，穿自己想穿的衣服，因为我觉得这样最舒服。这就是真实的我，接受不接受随你们的便。"

不鼓励孩子依赖外界的灯塔

这就像一场拔河比赛，家长拽着绳子的一头，鼓励孩子们去独立思考；而来自家庭外界的影响在另外一头，告诉孩子们放弃自己的逻辑能力。这场比赛已经够艰难了，但为什么有时候家庭会松开绳子而换成贿赂、奖励或吓人的空话那一套呢？为什么我们要采纳别人的意见、已经被废弃的惩罚，或其他权威人士的愤怒，去鼓励自己的孩子这样表现或走这样的路呢？

类似这样的策略等于告诉孩子好好表现的决定来自于外面的世界，而不是自己的内心。对外界灯塔的依赖鼓励孩子们在行为选择之前先提出类似这样的问题："这是不是要好好表现的重要时机？"

他们从哪里才能找到这样问题的答案呢？在外面的世界中。

"妈妈看起来迷迷糊糊的，她可能都没有注意到。"

"爸爸对我弟弟还不错，所以他现在心情一定很好。"

"妈妈说她今天在工作上表现得烂透了。我最好小心点。"

相反的，依靠内在对话的孩子在行为选择之前会问这样的问题：

"其他人怎么看我的行为？"

"如果别人没有为我这样做，我会怎么想？"

"我的行为会给我带来怎样的影响呢？"

家长常依靠外界因素让孩子们规矩点儿，因为这样很奏效！在孩子眼前拿一根棒棒糖晃悠，然后这个光环开始发光了。告诉孩子她会在圣诞袜子中收到一块煤，然后她就立正敬礼了。答应给孩子第二次机会，孩子就会扑倒在你的脚边，就像你刚刚赦免了她的死罪一样。

告诉你真相，让我放弃真是一件艰难的事情。想象一下从我所握得指关节发白的手中夺过一张中奖的乐透彩票的困难程度，你就了解了。但我不想让自己的孩子容易受到他们——和我——无法控制的影响的攻击。并且我也绝对不希望孩子们做正确的事情仅仅因为那会带来好处或避免受到惩罚。尽管此时此刻这样的育儿策略会让我的生活变得很轻松，但我知道她们会让孩子们以后的生活一直颠簸不断。

家长不可做之事

贿赂和奖励

大部分家长承认会借助于贿赂或奖励，而其余的家长只是没有说实话或他们处于育儿痴呆的最后阶段。

我们常贿赂孩子们："如果你真是一个好孩子，我会在结账时给你买一些泡泡糖。"或者："不要再哭了，傻孩子。如果你能不再让我难堪，我会为你买任何你想要的东西！"

我们常提供奖励："贝蒂·卢！去拿我的钱包，我要给一张真正的50美元钞票！"或"干得好，运动员！一辆崭新的BMX自行车，因为你整整一个月没有尿湿自己的拉拉裤！"

当我们贿赂和奖励孩子时，我们的孩子们就学会了操控大人，而且他们将成长为依靠奖励去激发别人好好做事或做正确的事的大人。作为家长，我们必须采用健康的激励方式去鼓励孩子，比如了解自己的行为对自己和他人带来的好的和坏的影响，尊重自己的价值观和原则的愿望，以及认识到必须尊重某些选择和维护更高的利益。

举个例子，我想让我的孩子在商店里规规矩矩的，是因为他们必须尊重其他人安安静静购物的权利，而不是因为他们害怕我会生气。我想让类似的选择的基础是仁义的自私，而不是外界因素，如贿赂和奖励。换句话说，由于打扰别人会让孩子们感觉很不好，为保护自己的最佳利益，他们会安静下来。

如果孩子真的在公共场所抓狂，我会让他们直接回家。然后我会把这个自然结果转化为孩子们受教育的时刻，用开放式的问题让他们反思自己的吵闹给他人造成的影响。

尽管这些选择仅仅对孩子产生了影响而不关乎其他人，也没有仁义的自私指引，但它们是由内在而不是外界因素决定的。

我想让我的孩子们在学校取得好成绩，因为他们喜欢学习；成绩不仅仅是一种对成绩的反映。他们应该被自己的知识增长和潜能发展所激励，而不是因为我的骄傲或物质奖励比朋友们都好的感觉。当我看到他们成绩单上的好分数时，会做类似这样的评论："哇哦，看看这个A，你真的在努力学习历史！你一定真的很喜欢历史课！"

简而言之，我鼓励处理掉那一口袋贿赂。想象一下你可以避免所有的权力斗争。如果每次带孩子去商店都不买玩具或糖果，你可以用节省下来的钱订个航班去斐济岛旅游。

求助于更高的权威

我过去常常一有机会就使用这招。假期里我最不想看见的就是五个小野兽在屋子里，用要求、抱怨、乞求、打闹、哭叫以及其他方式折磨人，以至于我觉得他们是正在排练的《凶兆5》中的主演。我会绝望地尝试着让他们规矩点儿，威胁给圣诞老人打电话汇报他们的所作所为。（我们有圣诞老人在北极秘密热线电话的号码。）

如果有孩子拒绝上床睡觉，和这个快乐的大块头的对话就开始了：

"嗯，你好，圣诞老人。听着，很抱歉打扰你，我知道每年的这个时候你是多么忙，但我们现在和小安妮卡有一点儿小麻烦。"（安妮卡的眼睛现在像救生员的那样大。）

"你知道，她拒绝上床睡觉，而且，是的，明天要上学。"（她的眼睛现在像扑克筹码那般。）

"嗯嗯。好的。嗯嗯。哦，你的礼品清单还在编辑阶段，还有时间去做些改变？"我对着电话讲，一边看着安妮卡，对她点头，一边指着没有接通的电话。这时，她的眼睛已经像冰球那样大了，她的嘴巴也没有好很多。

"哦，这是很认真的。嗯嗯，好吧。是的。嗯嗯。哦，你想和她说话？

好，让我看一下她会不会接电话。"

到现在，安妮卡的眼睛大概已经和餐盘一样大了，但我不得而知。因为她在床上，躲在被子里面。

但为什么她上床睡觉了呢？是因为想好好睡一觉去上学吗？不是的，这不正确。她上床睡觉是因为她希望自己的圣诞袜子中有玩具而不是煤块。并且，任何头脑正常的孩子都不想圣诞老人生他们的气。

但我能做点儿其他的什么呢？我可以告诉她如果她在床上，我会五分钟后再来检查，但如果她没有，我会回来关掉她的台灯（一个逻辑结果），并解释说屋子里黑一点儿有助于她睡着。如果她忽视我的指令，弃床潜逃，奔到楼下我的房间中寻找忠实的听众或睡衣晚会，我可能不得不锁上自己的房门以阻止她爬上我的床和我一起睡觉。（这真的发生过。一开始她在我的房门口露营，但最终她意识到自己的床比冷冰冰的硬地板舒服多了。）另一种结果是让她第二天早上床半个小时以"弥补"昨天晚上错过的失眠。

家长经常召集的其他"更高权威"，包括"等着你爸爸回家！"复活节兔子、夜魔、撒旦、上帝，或藏在每个饭店阴影里的无脸人："你最好坐下，否则我就给那个人打电话。"或"吃掉所有的西兰花，否则我就告诉那个人"。当不管何时我们借助更高的权威来威胁孩子们时，就是在告诉他们，我们自己无法处理他们，并且我们在计划让他们依靠外界的指引。

利用"他人"让孩子规矩点儿

因为非常时期需要非常办法。有的时候，我会号召整个世界的人来让我的孩子们规规矩矩的。尽管在这个问题上我们有无限的变化，但基本的信息是："其他人怎么想？"

举一些例子："保持安静。其他人都想在安静的环境中用餐。看看那对夫妻，他们在盯着你看。我打赌他们一定觉得你是个很顽皮的小孩。"或者"你能想象当其他人听到你用这种声音和我说话，他们会怎么想吗？"

这种方法基本上是在利用孩子的羞耻心来驱使他们。当然，这有时候会奏效，但接下来孩子们就会害怕失败，从顺应中寻找安全感，并把自己的自尊心的监护权交给他人——陌生人、家人以及朋友等。

允许转移责任

孩子们经常巧妙地把责任转移给别人。举个例子："我控制不住。谁叫他让我生气呢！"我记得小时候的一件事，我试着将自己错误的部分指责按在别人身上。我姐姐和我逮到了一些草蛇，我们用碎冰锥在罐子盖上打孔为它们准备新的住所。像所有的姐妹一样，我们聊得热火朝天。由于注意力在别的地方，我不小心把冰锥的位置放错了，因此当我用锤子重重地敲打时，冰锥刺进了我的大腿里。我最大的担心是父母会给我带来什么样的麻烦，所以我向姐姐哭喊："看看你做了什么！你让我弄疼自己了！"不幸的是，我妈妈太了解我了，她对此的反应是："什么？她用枪指着你的脑袋了吗？她把刀子架在你的脖子上了吗？"

当我的孩子们迅速把责任转移到我身上时，我确定他们了解只有他们应该对自己的选择负责。当然，有的时候其他人让我们更难去做出选择。但是，我们的决定只属于我们自己，而不是别人。

有时候，我们实际上在鼓励孩子将自己错误的责任转移到别人身上。当我的孩子们选择不慎时，我偶尔会说这样的话："我不想让你和那个孩子出去。她对你产生了很坏的影响，她给你来的麻烦太多了。"或者"他一无是处。看看他都让你做了些什么！"但当我把部分责任转移给别人时，我其实是在告诉孩子们外界力量控制了他们的决定，而不是他们自己。

其他鼓励不负责任的话语包括"你不能控制……"和"这不是你的错……"如果你想让孩子坦白承认自己的错误，就要不惜一切代价避免他转移责任。

一旦孩子们相信自己所做的选择部分是由外界影响决定的，他们就很难避免犯同样的错误。毕竟，他们如何对自己不能完全控制的事情负责任呢？如果你不想让自己的孩子和某个小孩一起玩儿，你可以说"不能再让你和玛丽一起出去了"，"和她在一起时，貌似你都在做错误的选择"，暗示你孩子的选择只是自己的责任。你要让孩子知道尽管外界影响让他们更难去做出明智的选择，但自己的选择权仍然只属于自己。

其他暗示孩子给自己带来的麻烦是由于外界造成的，进而鼓励他们依赖外界灯塔的家长话语有："是什么让你这样做的？"或"是什么让你哭呢？"要确定你的话语清楚地表达了孩子不仅应对自己的选择负责，还要对选择的后果负责，不管好坏。用增强全面责任的话替代上述话语："你为什么决定这么做？"或者"你为什么哭呢？"这样一个微妙的差异对孩子是否会控制他们的行为产生了很大的影响。

无用的威胁

有时候，我太累了，就算是一群野马都不能把我从沙发上拽起来，而这些野马通常是我的孩子们进行的恶作剧。由于希望好好休息，过去我都会大声喊出一些我并不想说的话："如果我不得不离开沙发，有人就要有大麻烦了"，或者"你们不要逼我过去"。

我的孩子们是否知道除非进行手术治疗，否则我会在沙发上一直不起来吗？肯定的。事实上，大部分孩子都能很敏锐地意识到我们只是在虚张声势，他们知道怎样让我收着手里的牌并把我们无用的威胁当作操控我们的工具。有些孩子甚至把这当成了一个游戏。比如爸爸坐在椅子上看超级杯比赛，而孩子们则在窗户上做剃须膏的设计比赛。爸爸大叫："你们给我弄干净了，然后去楼上玩儿。否则的话，我会把你们一起打包去睡觉的！"

孩子们拒绝服从命令，因为他们沉浸在自己的艺术创作中。爸爸像火箭发射一样离开椅子，但他不得不在椅子上空几英寸的地方停下，因为孩子们已经哈哈笑着跑开了。

他第二次坐回自己的椅子上，孩子们则又继续他们的艺术作品。爸爸又进行了一次失败的椅子发射，暂时让孩子们动起来，他们散开时歇斯底里地笑着。但还是这样，一旦他坐下，孩子们就继续自己的恶作剧。这样的爸爸通常有像咸菜桶一样粗的四头肌，这是大量运动的结果，但对剃须膏以及其他恶作剧起不了多大的作用。

　　因此，我们的无用威胁真正造就的是操控性以及高度娱乐性的孩子。我会怎么处理这件事情呢？我会站起来，让他们打扫干净，然后开车带他们去商店用自己的零花钱再买一罐剃须膏。毕竟，如果我们真的要看这种比赛，只需轻轻地按一下录像机的按钮。

第二次、第三次甚至第四次机会

　　大部分家长会帮助孩子摆脱他们施加的判决，将判决改为缓期执行或干脆解散所有的指控。为什么家长变成了自己孩子的裁决委员会？有时候我们觉得对不起他们。毕竟，孩子们太擅长鳄鱼的眼泪以及所有的恶作剧了。有时候，我们一开始并不想坚持到底，因为我们威胁的惩罚会给自己带来大量的麻烦。

　　但如果允许孩子们一次又一次脱身，他们可能会问自己："我得到另外一次机会的可能性有多少？"找到回答这个问题的线索并没有花费他们太多时间："她昨天又给了我一次机会，所以今天可能不会了。实际上，她现在好像有点儿心烦意乱。也许她甚至都不愿意费劲儿去惩罚我。"一旦孩子们有信心远离犯罪的惩罚，他们就会好好利用这个机会。只要我们给他们理由从外界寻找答案，他们的不当行为就会继续闷烧，像轮胎厂讨厌的火灾一样。

　　在现实生活中，孩子们不想一次次地犯同样的行为错误，因为背后有失望或生气的家长对他们来说不是什么好玩儿的事，即使惩罚的威胁从来不会真的发生。并且我们当然愿意用最方便、最容易、最平静的方式把孩子抚养成理智、完整和有礼貌的人。也就是说，从长远来看，迅速地抓住我们最初的判决更有效,因为孩子的不当行为很快就永远地消失了。当我们对惩罚的条款争论不休时,其实就是在鼓励孩子们依靠外界因素。并且在建立健康的自尊心和强大的内在罗盘时,将不当行为变为良好的品行需要很长的时间。

下面的例子是我的亲身经历。我记得有一段时间,带着我的五个孩子开车去哪里都像载着满满一车猪去屠宰场一样。

"还有多远?"

"哇哈哈哈哈,我快渴死了!"

"妈咪,艾瑞克在看我!"

"把你的手肘从我这里拿开!"

"嗨,该我坐在窗户边上了!"

在我还没有从车道上倒出去的时候,所有这些就已经发生了。这已经足以让我发射SOS信号让路过的人来救我了。

当然,我大声地嚷嚷着"不要逼我调转车头"以及一大堆其他的无用威胁,但会移动的"折磨人机器"占了上风。

一天,我突然顿悟到平常的策略现在都不会有什么效果,而事实上,从来没起过作用。我决定给孩子们一个不同的体验,于是兴高采烈地宣布:"你们猜怎么着,孩子们?我将带你们去天文乐园!"要知道,我是多么讨厌在零上40多度的天气带五个孩子一起去游乐场,因为我得花费几百美元买门票,更别提买饮料和很快就会被孩子当作书夹或门挡的纪念品了。

带着"妈妈真的很让人费解"的目瞪口呆的表情,孩子们迅速地挤进汽车,很安静地坐好并系上安全带。当我们从车道上倒车时,我在他们低声的祷告中宣布:"哦,顺便提一句,如果你们在后面发出任何打闹或抱怨的声音,我将调转车头回家。在高速公路上开车时,听到这种令人分心的东西很不安全。"

我听到他们集体松了一口气,可以翻译成"哦,这是唯一要注意的吗?"接着他们保证会像教堂礼拜鼠一样安静和守规矩。当接近天文乐园的岔道时,我开始咬着指甲大汗淋漓,因为我的计划要泡汤了!每个人都规规矩矩的!但幸亏有小奇迹以及孩子的天性——某个孩子掐了、抚摸了、用手肘碰到或挤到了另外一个,然后整个车厢陷入大乱。我所做的就是——除了低声巧语几句感谢的祷告以外——调转车头,出发回家。孩子们都目瞪口呆,因为尽管距离"呕吐彗星"只有一步之遥,我却选择了坚持信守承诺。

尽管孩子们发出失望的哭声和请求手下留情,我依然坚持回家,抵制住了尖叫的冲动,只是偶尔说几句类似的话:"很遗憾你们没有选择老老实实地待着。你们知道规则,我们家一旦制订了规则,就必须要遵守。或许下次我们可以再试试看。"

还有一次或两次这样的事,我不得不强调同样的信息:一次是关于吃午饭的方式,另一次是去附近的公园。孩子们争吵起来,我则掉头回家。从那之后,你都可以在我的车里招待女王,而不会再有预期的灾难发生了。

通过证明给孩子看我们打算执行我们制订的规则,不必要的行为就会变成遥远的回忆,并且我们的生活和孩子们的生活都会变得很轻松。

帮助孩子培养抵抗外界灯塔的技能

指导孩子最有挑战性的方面之一是帮助他们在不得不面对的同龄人及流行文化的影响下航行,并过滤这些信息。这也是培养孩子独立自主最关键的部分之一。在这里我给出了一些可以帮助你的孩子们走出丛林的建议:

● 和孩子们角色扮演各种消极同龄压力或其他外界影响的场景。你也可以使用这种方法练习抵抗策略,如走开,冷静地陈述他们的感受,用幽默缓解紧张,坚定信心,或请教同龄人治疗。要记得调换角色,这样,孩子们将明白什么是篱笆的两端。

● 帮助孩子们找到为同龄圈子做贡献的方法，这样他们就不会有太大的压力了。有些孩子在团体中扮演调停者的角色；而另外一些孩子则可能擅长让伙伴们感到被欣赏，被接受；有些孩子喜欢帮助朋友们完成学校的作业；有些孩子则擅长主观地解决问题或冲突。所有的孩子都能在同龄圈子里找到一个或多个有意义的角色，并且他们的角色在不同的圈子里也不同。

● 运用开放式问题帮助孩子们了解他们自己和其他人屈服于外界压力的后果，讨论他们可以选择的其他方式。问答模式能有效地鼓励孩子们思考他们的选择以及影响他们的力量。一旦他们认识到自己可以抵挡这些力量，就有能力去抵制各种诱惑，不管是来自外界的还是内心的。

● 与孩子们谈论他们和同龄人谈论的话题，讨论同龄圈子里生活的性质，包括潮流、时尚、毒品、怀孕、性倾向，等等。

● 帮助孩子们制订一份利与弊的清单，这样可以帮助他们弄清楚追逐新的潮流或某一团体对他们是不是正确的事；如果是，那么这是他们自己做的选择，不用去管同龄人是否赞成。

● 帮助孩子们培养正确的解决问题的技能。为了抵抗外界的压力，孩子们必须学会维护自己。首先，帮助他们了解自信、被动和侵犯之间的不同。自信是坚定而主动的，被动是表现出害怕，会让他们容易受到攻击，这只能招致更多的压力，侵犯是消极而苛刻的，很可能造成更多的冲突。随后，我们将讨论愤怒管理的技巧。当孩子们试图抵抗可能引起冲突的同龄压力时，你可以教他们使用这些技巧。

鼓励负责任、有意识地利用媒体

不知道有多少次，我和我的丈夫伏在地上祷告，感谢不管是何方神圣的在我们郊区安装了电视/录像机组合的人。在这个不可思议的"保姆"帮助下，我们阻止了兄弟姐妹之间很多的争执，还挫败了许许多多烦人的行为。

但还没来得及预定虔诚的去通用公司总部的朝圣之旅，我就意识到自己没有对孩子接触媒体实施监督和指导是多么的不负责任。有多少次我过于担心孩子们在观看什么样的电视节目。我绝不会想到不管在做什么事情时，自己都会停下来查看这个节目是否适合孩子们的年龄，是否符合我们家的价值观。如实地说，我多么感激有一点点空间和宁静！每一个电脑游戏对我都是"一个给花园除草的机会"、"一个享受泡泡浴的时刻"或"一两分钟可以继续阅读的时间"。

一天，我被事实惊醒了，没有监督地让孩子们暴露在媒体下，等于让一个陌生人照看和影响他们。因此我丈夫和我决定制订一个家庭媒体计划。我们制定了规则和限制，制定了策略鼓励孩子们明智而负责任地利用媒体。让我们来分享其中的一些：

- 我们限制了孩子们看电视或玩电脑游戏的时间，一天最多一小时。
- 电视节目必须没有暴力冲突，有创造性、有教育性以及多样化，并且必须能反映我们的原则和价值观。
- 我们鼓励邀请小一点儿的孩子参与部分节目，如《蓝色斑点狗》和《芝麻街》。
- 我们试着抓住每次机会监督孩子在看什么节目，这样我们可以帮助他们消化和理解他们接收到的信息和图像。对此，开放式的问题是最有效的方法。
- 我们喜欢一起观看教育性或文化类节目，这样可以通过讨论加强家庭纽带。
- 我们总是了解孩子们阅读的书或观看的节目的等级。

- 我们的孩子必须经过允许才能观看某个节目。这样不仅能鼓励他们把媒体看作一项特权而不是权力,而且还给我们提供了机会去问这样的问题:"为什么你想看这个节目?"或"为什么你想玩这个电脑游戏?"并给他们其他的选择,如阅读或去外面玩儿。
- 我们特别注意表达对不负责媒体信息的否定。例如,当我们一起听广播时,开始播放一首违背我们家庭价值观的歌曲,我就会关掉,然后说:"我拒绝听这首歌,因为它太暴力且贬低女性。"
- 我们为如何利用媒体制定了清晰的规则,确保其他家长了解并愿意尊重这些规则。
- 我们联合抵制暴力内容的节目和电子游戏,压迫妇女或以歪曲、破坏性等角度描述"性"的不负责的媒体,纵容不负责、自我毁灭或有不道德行为的媒体,违背任何我们价值观的媒体,等等。如果广告中涉及不负责的媒体,我们将拒绝购买此产品或使用这项服务。最重要的是,和孩子们讨论我们的态度和行动。
- 我们经常鼓励没有媒体参与的活动。

由于我们都有不同的见解和价值观,所以请根据上述意见制定出适合你和你家庭的规则。随后,我们将探讨一种方法,让我们的学校、我们的社区以及媒体自身参与到鼓励孩子们负责任地利用媒体的行动中来。

给孩子空间去奋斗和学习

我对自己很多时候总是替孩子们思考感到很愧疚。对于每个"我无聊!这间房子里没有什么可玩的!"我都得想出一式三份的娱乐流程来。

对每个"妈咪,克里斯提那在捉弄我!"我都得像联合国维和部队涌向波斯尼亚一样冲过去解决争端。

对每个脏乱的房间、没有准备好的学校午餐或用过的早餐盘子，我都得像吃了兴奋剂的清洁先生一样扑过去，直到所有地方都一尘不染。

对于每个"我想要那双看起来像外星人的鞋子一样酷的新款阿迪达斯！"我都得飞奔到商场，甚至都来不及去想外星人是不是有脚，用不用穿鞋子。

在初为人母的那几年，我是社交指导员、问题解决员、私人购物员、维和大使以及数不清的其他角色，这不仅让我筋疲力尽得连最后两个剩余的脑细胞都拿出来使用了，而且孩子们也没有机会去锻炼自己。在这些年里，我认为自己是为其他家长们树立榜样的那种家长，因为我做了我能做的一切，以使我的孩子们舒适或方便。

当时的情况是我发现替孩子思考和给他们需要的一切——替他们生活——比指派任务给他们容易多了。毕竟，有着强劲的旋风一样的性格的我，可以比孩子们更好更快地处理他们的事情。试着让孩子们自己思考对我来讲实在太不方便了。我的座右铭是"如果你想完成某件事情，自己去做"。并且我期望孩子们自己满足自己的欲望，如无聊。想想看，度过被需求和恳求团团包围的一天能有多么容易？躲进惩罚战术里比把这些变成培养孩子们强大和自我的教训要痛快得多。

如何停止帮助孩子们

帮助孩子们进行逻辑思考或摆脱困境说明我们对他们解决自己问题的能力没有信心，并且当孩子们注意到我们的情绪时，便学会了利用我们的怀疑去操控我们，或他们开始对自己失去信心。

当我们开始放开思想接受孩子比我们想象的有能力处理困难和进行反思的可能性时，我们可以提供机会让他们去证明自己。开始，我们可能觉得他们会失败，或者他们真的会，但随着一个又一个的成功，现实会把我们的怀疑转化为永恒的信念：只要他们全身心地投入，就能做任何事情。

来看一下让孩子们重拾他们应得的信心的方法。我们需要丢掉一些旧习惯，这样，我们的孩子才有机会去让我们相信他们，并且拥有自信。

停止告诉他们该做什么

由于对效率的偏好，对这个问题我总是觉得有麻烦。幸运的是，我每天告诉孩子该做什么的次数从246790下降到了1002。看一下我给我可怜的丈夫准备的"亲爱的——待办事项"，你就知道他可没有那么幸运。

当孩子们不断收到这样的指令时，如"埃里克，去拿你的手套"，"安妮卡，下来吃早饭"，或"卢卡斯，开始写作业"，他们甚至都用不着动用自己一个脑细胞。他们处于定速巡航的模式——巴甫洛夫（Pavlov）的理论，只是费了一些口水。即使我们很客气地下达这些命令，仍然会让孩子们感到很烦，他们会想："我父母真是唠叨！真讨厌他们不停地告诉我要做什么。"一旦他们这样想，他们就并没有试着想办法预先准备应对我们的指令，这样我们就没有机会去下达了。指令同样会让孩子们的事情变成家长的。孩子们不需要记着他们那些个人需求，因为他们知道我们会负责照顾他们冰凉的手、未完成的家庭作业以及没有梳理的头发。他们知道有事情需要他们注意时，我们会提醒。这让他们脱离了责任的枷锁。他们会一直巡航到不可避免的唠叨开始，然后他们只需要按照指令行事就行了。

但我们又能说些什么别的呢？让我们来重述一下上面的话语："埃里克，外面只有零下1摄氏度。为确保自己在学校不冷，你需要做点什么呢？""安娜卡，早饭准备好了"或"卢卡斯，现在已经5点钟了，而我看到你还没有开始写自己的作业"。

类似这样的话语让孩子们小脑瓜中的齿轮发出刺耳的声音，直到指令像蜘蛛网向各个方向飞散。埃里克穿得像北极熊一样冲出门去，安娜卡跟下楼吃早饭，而卢卡斯也冲到桌子前，手里拿着铅笔。因为他们没有依靠别人去催促他们，而是自己做了选择。

逻辑和自然结果也很有效。就让艾瑞克不戴手套去上学吧，但要打电话告诉老师课间休息时他必须待在室内。就让安娜卡不吃早饭吧，如果时间不够的话。就让卢卡斯应对老师的反应吧，如果他没有按时交作业的话。没有比结果更能让孩子们锻炼他们脑细胞的了。

当孩子确实承担自己造成的后果时，就能把它变成受教育的机会。比如，提出开放式问题，让孩子给出思考后的答案：

"完成家庭作业的规则是什么？"

"为什么我们有这样的规则？"

"如果没有这样的规则，你觉得会怎么样？"

"你需要怎么做来确保自己可以按时完成作业？"

"那么你打算怎样把事情做好？"

当孩子们在没有催促的情况下完成了某项工作时，指出来："我看见你决定自己打扫房间了！"或"今天你没有等我叫就下来吃早饭了！"

停止帮助孩子们摆脱无聊和挫折

有时候，家长认为让孩子们满意是我们工作职责的一部分。但不断地取悦他们就要求我们帮助他们摆脱所有不舒服的感情，包括无聊和挫折。这种错觉一定是根据达尔文优胜劣汰的原则演变而来的，刺耳的抱怨声让这变成了一种强大的操控工具。害怕因为没有让孩子们满意而让别人对我们有看法的心理也加强了我们帮助孩子的想法。并且考虑到现在的孩子们都那么缺乏娱乐活动，我们也常常拼命去帮他们解决无聊。当孩子们面对挑战时，即使最小的挫折，我们也会如同棒球运动员滑入本垒一般冲过去帮他们。如果孩子们想要某种东西——尤其是"其他人都有"时，我们脑海里想到的场景是他们穿着破破烂烂的衣服，光着脚走在路上冒着大雪卖火柴的样子。为了不让他们哭泣或避免儿童保护服务机构登门拜访，我们一向是尽快带着信用卡去商场。上帝禁止我们的孩子等待，或更糟的是，禁止他们自己获取他们想要的东西。

现在当孩子们抱怨他们很无聊时，我会用类似下面的话回应：

"我看起来像是你的社会指导员吗？"

"我相信你能找到一些有趣的事情去做。"

"你知道，时不时的无聊对你是有好处的，能让你有时间去思考或放松。"

"这是一个让你赶上阅读作业的好时机！"

"太好啦，你正好可以帮我做大扫除！"

最后两句话通常会让他们赶紧去寻找其他的选择！由于我不再帮助他们摆脱无聊，他们的游戏变得不可思议地有创造性。有一次，在没有从我这里获得任何娱乐建议的情况下，孩子们发明了一种游戏——把自己的短裤穿在头上，这样短裤上的两个洞看起来像是护目镜。然后他们把袜子放在一个投石器样的装置中，满屋子跑着向别人投掷袜子。我想他们是想扮演短裤中的黑武士。在这种情况下，孩子们的朋友和他的爸爸出现在前门，两个人看起来都有点儿不知所措。最后那位爸爸说："哇，埃莉莎，我打赌你可以用这个写一章了。"也许我会的。

当你的孩子在解决一个任务时受挫，如果你要做点儿什么，只需要承认他们的挑战。你的话语也应只限于：

"这看起来很难。我明白你为什么这么烦恼了。"

"你已经快完成了！我知道你很快就能找到办法。"

否则，别管他们，除非他们向你求助。如果他们求助，在你觉得必要的时候再进行干预。

你可以通过提问题指导他们："我想知道如果你换个思路，会怎么样呢？"

或公正地观察："看起来塔的底座太窄了，不能支撑上面的结构。"

不要尝试令人泄气的话语如"我不会做",因为这暗示着他们无药可救了。相反,应鼓励他们说:"我需要一点点帮助。"

如果这个工作看起来明显是他们自己能完成的,对他们的求助做出鼓励:"我知道,只要继续努力你就能成功"或"你一直都是一个特别好的解决问题的专家。我相信你可以自己完成"。

如果他们很沮丧,建议他们先停一会儿,感觉放松时再继续:"如果你休息几分钟的话,可能会觉得轻松些。你现在想不想吃点儿午饭?"

停止帮助孩子们完成没有回报的愿望和延迟满足

当你满足孩子的渴望时,想象一下美钞在马桶中被冲走的情形,不帮助孩子完成没有回报的愿望或延迟满足就会变得容易些。记住,对孩子不合理的要求让步也是伤害他们。孩子们需要我们的指导去培养耐心、宽容以及完成未完成的愿望,对自己本来该拥有的东西和必须自己努力获得的东西有清楚的了解。

当我问当时只有四岁的儿子长大以后想成为什么样的人,他回答说"国王"的时候,我知道自己有麻烦了。当我问他你想以什么谋生时,他的反应是"像这样"——伸出自己的手,手心朝上。我便确定了自己的怀疑,我抚养了一群优越感膨胀的小孩。从那时起,我对自己的育儿方式做了一些改变,事情看起来也有了一些改善。同样是这个孩子,现在十三岁了,已经定下来将来大学毕业后要做军队里的将军。

在我们家,孩子们挣自己的每一毛钱。他们的钱一部分作为长期存款放起来,一部分作为慈善基金收起来,一部分用来为中期购物埋单,一小部分留着挥霍。他们完全可以自由支配自己的花销,包括有时候他们想买某种不在我的预算范围内的东西。举个例子,如果我通常花30美元为孩子们购买运动鞋,他们必须用自己的小库金支付超过预算的那部分。如果孩子们抱怨他们离开两款新游戏不能活,我就用一点儿小幽默化解,问道:"什么,已经到你的生日了？我怎么能忘记这个日子呢？""等一下，他们把圣诞节改到7月了吗？"好吧，至少我觉得有趣。其他时候，我就简简单单地问："你能买得起吗？"这通常会让他们立马闭嘴。

考虑制订一条不鼓励即时满足的家庭规则。当你的孩子们铁了心要买昂贵的东西时，让他等至少两个星期再买。如果孩子们请求购买一些新款玩具或衣服时，确保他们知道这是他们自己的财务责任，说："当然，只要你有足够的钱，并且可以等两个星期，就可以买了。"

当孩子15~16岁的时候，鼓励他们培养自己的预算能力。每个月给他们一笔钱。随后，他们必须负责自己所有的开销（不包括食宿以及家庭外出，如看电影、出去吃饭或度假）。留着让他们自己为理发、买衣服、买学生用品、与朋友们的社交、更新护照——任何你能说出来的开支做预算。突然之间，在塔吉特和凯马特购物也没有那么"不情愿了"；10美元理的发看起来也行了；错过和伙伴们一起去星巴克也可以忍受了；穿25美元的网球鞋也不那么"不酷了"；我十几岁的女儿们都知道怎么去工厂店淘便宜货了，并且当偶然遇到不错的买卖时，她们从来不会犹豫给自己赞赏。

简而言之，孩子们可以忍受无聊、克服挫折、延时满足以及什么都不做。随着逐渐长大，他们就能不抱怨或请求我们干预，而是自己处理这些事情了。

然而，单单拒绝解救孩子并不足以让孩子成长为独立自主的人。如果没有伴随着我们的指导，让他们自生自灭也是没有用的，甚至是有百害而无一利的。当你的孩子们在经历无聊、挫折或渴望带来的不适时，要帮助他们从逆境中获得经验教训。

例如，你拒绝满足孩子购买最新款游戏机的强烈愿望时，可以通过下列问题将他们引到你想要的方向上来：

"两个星期前，你对新款的007游戏垂涎三尺，我没有让你买。现在你感觉怎么样？后悔没有买吗？"

"你已经存了50美元了。你攒钱是为了购买自己的第一辆汽车。当你自己攒够钱购买你的第一套轮胎时，你的感觉会是怎么样呢？"

当孩子在努力找到方法克服无聊或挫折时，提问也可以帮助指引他们。

任何能激发内在赞美的客观反馈，都可以加强孩子成功解决问题的能力："我对你没有花费一大笔钱购买那款游戏表现出来的意志力非常佩服。我甚至在大人身上都很少见到这种力量。你肯定很自豪。"当孩子们克服无聊或困难时，你也可以这样做。

停止帮助孩子解决问题、冲突以及其他挑战

孩子们非常擅长解决问题、面对挑战和解决与他人之间的差异，只要有合适的工具且这些挑战是适合他们那个年龄段的。只有缺乏信心的家长才会阻止他们练习这些重要的生活技能。

抵抗住替你的孩子解决问题的冲动。如果你想干预的话，只能采用反馈信息、指导和鼓励的形式。假设你的孩子今年还想加入女童子军，但她最好的朋友却退出了，运用下面的问题去帮助指导她：

"为什么她要退出呢？"

"你有办法让她改变主意吗？"

"如果她拒绝再考虑，你打算怎么办？"

"还有其他什么朋友也在你的队伍中？"

"决定留下和像萨拉一样退出，各有什么利弊？"

同时给孩子肯定和支持："很遗憾她决定退出。我知道你们是多么好的朋友。你对她的决定肯定很伤心。不管情况现在有多么困难，我知道你一定可以处理好。不管你做什么样的决定，我都支持。"

当你的孩子遇到问题时，抵制给他们解释事情本质以及告诉他们如何解决问题的冲动，先让孩子自己尝试一下。这里是一个通过解释帮助孩子的例子："你不能拉好拉链的原因是没有把两端对整齐。先把下面两端对好，把拉头拉到最下面，然后试着往上拉。"避免用过度解释替代建议的话语："看起来两端没有对整齐。我想知道你会怎样把它对齐？"

不要假定孩子不知道或不记得解决问题需要的知识，而提前去帮助她："现在，记住，你应该先把干原料混合好，然后再加入牛奶"或者"确定你在穿橡胶靴子之前先穿好袜子，不然你的脚会起泡的"。

有时我们尝试和朋友、兄弟姐妹以及其他人分享孩子们的人际冲突。兄弟姐妹间的竞争足以让我们远离困境，因此我们第二个孩子出生的那一刻，我们就开始磨练自己的裁判技能，直到可以胜任美国职业橄榄球联盟赛事的裁判。但当你介入孩子的关系问题时，你不仅拒绝了为孩子培养解决问题能力的机会，而且还为他们提供了一种操控武器，将家长和孩子的权力斗争推向了新的高度。

远离孩子的冲突并不意味着你不该教会他们建设性地把愤怒表达出来的技巧。不要压抑怒火，不要包容与他人行为的交流。下面是一个依靠自信解决冲突的健康办法。它强调人身攻击和辱骂只会让裂缝变宽，违反了击败愤怒的本意。这个方法由以下四个步骤组成：

1. 首先，教孩子坚定地表达出自己的情绪，使用"我"的信息："我对你非常生气！"

2. 接着，他应该表明自己为什么生气，有两种原始根源：恐惧或受伤。愤怒算不上是原始根源，其下面的恐惧或受伤才是："你在背后说我，伤害了我的感情"或者"如果你继续在大厅绊倒我，恐怕就要伤害到我了"。

3. 然后，你的孩子要说出自己的期望："我想让你停止传播那些谣言"或者"我希望你不要再绊倒我了"。

4. 最后，他应该坚持确定："你同意吗？"或"好吗？"

一旦你教会了孩子们使用上述办法表达愤怒，他们就能更坚强地面对每种关系，而不是破坏原有的关系或浪费建立新关系的机会。

当我的孩子们之间有了无法调和的矛盾时，我会让他们坐下来，然后用这四步仔细讨论，直到双方都满意为止。开始时，我需要在场进行调解，但现在他们自己就能按照这些步骤进行。

当孩子们请求你解决他们的冲突时，你会怎么办？如果是孩子们可以自行处理的情况，你可以做出这样的反应："我相信你们可以自己解决这个问题"，或者"你们两个昨天还相处得好好的。今天有什么不一样的地方吗？"

不管怎样，让孩子们明白他们之间的冲突对他们自己来讲远比对你重要。而且正如我上面提到的，如果他们的争吵打破了宁静，就把他们赶到外面或别的房间，直到问题解决为止。

允许孩子解决与别人的争议，他们通常会形成更健康、更持久并且贯穿他们一生的关系。同时，他们也会获得锻炼宝贵技能的机会，如妥协和谈判。

保护孩子远离挑战是一种家长式的破坏性控制——在点火之前就把火扑灭了。很多家长劝阻自己的孩子远离运动或其他挑战，因为他们不想因此导致孩子失败。我要说："让孩子面对越多的挫败越好。"

在童年时期，挫败感不会像后来一样持续很长的时间，因为失败的风险相对比较低。孩子们是否在芭蕾舞上表现优异并不像他们是否能在事业上取得成功那么关键。此外，当我们家长在一旁扶他们起来，拍掉他们身上的灰尘，并拥抱他们时，失败将是一个比较柔软的打击。

因此当你的孩子想尝试一个挑战，或遇到一个可能会运用到他的才能的活动时，不管怎样也要鼓励他接受挑战。有什么好方法培养能力呢？又要采用什么好方法去测试他的极限和拓展他的能力，从而培养独立自主的人呢？

最后，当你的孩子解决了一个问题、摆平了一次冲突或克服了一个挑

战,你要指出来:

"你完全靠自己完成了这个猜字游戏!"

"我看你和鲍比自己解决了这些问题。"

"尝试参加足球队需要很大的勇气。你肯定会为自己骄傲。"

在你的帮助下,不管他们有没有不足,当你问他们一些发人深省的问题时,你的孩子们能吸取宝贵的经验教训:

"你觉得这个问题/挑战/冲突最难的是哪一部分?"

"你会采用什么不同的方式呢?"

"通过这个,你获得了什么样的知识或能力呢?"

停止帮助孩子们摆脱他们所犯错误的后果

大部分家长承认会时不时帮助孩子渡过困境。毕竟,如果孩子们违反纪律的行为是我们造成的后果,会相当的不好。如果他人施加了压力,如警官或老师,我们经常觉得需要恳求、要求或找借口来为他们说话。

不管是谁造成的后果,当孩子们遭受磨难时,我们都很难站在一旁袖手旁观。但孩子们应该为自己所犯的错误承担后果,不管是有意还是无意的。他们应该知道自己所做的任何事情都会带来不同类型的后果。毕竟,他们还年轻,比起成年人承担的后果来,他们这些事情真是比较划算的。对比一下家长要面对的后果:"梅根不能过来玩牌了,因为昨天在公园你对她太糟糕了。"还有作为成年人可能收到的结果,如"你被解雇了"或"我想要离婚"。并且当他们仍然是孩子或青少年时,我们需要在这里安慰他们、支持他们,并帮他们吸取教训。

因此当你的孩子一次次地忘记带她的书包去上学时,要让她自己来面对学校施加的后果。当他的成绩很糟糕时,不要打电话给老师请求宽大处理。当他在早上磨磨蹭蹭时,你就让他迟到。当他拒绝分享玩具时,就让他经历玩伴们的生气或失去朋友的事实。你甚至可以帮助施加影响以阻止孩子重复犯错。例如，当他接连三次忘记在他的学生助手上登录作业时，请老师对他进行午饭拘留。

这是我自己的亲身经历。我的一个十几岁的女儿和我一样，都是一只眼睛深度近视。在她拿到驾照后的第三天，她开车撞到了一个柱子上。我会负责维修费用吗？当然不。我把这留给了好事达保险公司和她自己。除了保险负责费用外，还有500美元的免赔费用——这对一个只有16岁的女孩来说可是一笔巨款。关于此事，我们谈论了以长时间照看幼儿的工作来解决。两个月之后，她又遭遇了一次小的交通事故，又给她带来500美元的债务。再一次，她通过照看幼儿和清洗邻居们的一切（除了宠物和小孩）来挣这些钱。尽管这样，她还是失去了她的保险。结果是，在今后两到三年的时间里，她将不能开车——对于十几岁的孩子来说这可是"死亡之吻"。但我可以以自己的长子打赌，当她可以再次驾驶汽车时，她一定会像白宫司机一样谨慎。不仅这样，她现在可以像被蒙上眼睛的神枪手一样使用高压清洗机。

无论何时，孩子们承担自己所犯错误的后果时，家长要抓住机会把这变成受教育的时机。我采用了开放式问题帮助我女儿检查她的驾驶错误带来的后果：

"很遗憾你不得不支付这么多钱维修汽车。我可以看到这多么让你失望和生气。"

"你觉得是什么造成了这场事故？"

"你觉得你怎么才做能阻止这场事故发生？"

"当你又可以开车的时候，你打算怎样做以避免再次发生事故呢？"

这样的家长对话承认了她所遭受的痛苦，表现了对她感受的认可，并且表示了同情和换位思考。

因此请相信孩子可以处理他们所犯错误的后果。他们会感受到你的信任，有助于提高他们处理问题的能力，更重要的是，他们将学会在做出选择之前预测可能带来的后果。

停止帮助孩子们承担责任和信守承诺

你是否曾经帮助孩子承担家务或责任，只因为这比让他们自己做或应付他们的抱怨要容易得多？你是否曾经允许孩子违背自己的承诺，只因为你自己没有坚持让他去兑现？

我敢肯定我曾经这样做过。我最大的两个孩子很容易就脱身了，因为对他们来说做家务的概念也就是做自己的家庭作业、烤一下自己的馅饼以及用遥控器关掉电视机。对于承诺，我很少鼓励他们做出承诺，更别说坚持让他们兑现承诺了，因为我最不愿意做的事情就是提醒他们去做某事。

很多孩子在他们整个童年和青少年时期对家务都没有动过一根手指，没有承担过自己的责任或做出并信守承诺。如果没有家长的干预，一些孩子可以一直穿着衣服直到散发出臭味，还没等自己做好午饭就已经饿死了，忘记刷牙直到牙齿上充满了像壶穴大小的洞。

当一个孩子被解救出责任和承诺时，他就会发展出扭曲的优越感、不能掌握生活中的实践技能，丢掉奉献带来的满足感，以及未能培养因为做出有价值贡献而获得的自信。

我们不仅应该要求孩子们承担适合他们年龄的责任，而且不应觉得有义务去为他们付钱。尽管我会给孩子们一些零用钱，但我也会让他们明白自己获得的也代表着家庭收入的一部分。只有这样才合理，作为有贡献的家庭成员，他们应该获得家庭收入的一部分。我的孩子们认为家务事是他们对整个家庭的贡献，而给他们的奖励则是他们感到被重视的满足感。如果我让他们再多做一些事情，将不会再付给他们钱。这——谢天谢地——包括照看幼儿。

鼓励你的孩子做出并信守承诺。例如，如果我的孩子试图由于派对而推掉照看幼儿的工作，我会说："在我们家要言出必行。你是麦德哈斯的一员，因此你要信守自己做出的承诺。"

如果他们犹豫，我不仅会禁止他们去参加派对，还会让他们因为考虑过退出而去给事主道歉，并让他们免费去照顾幼儿。然后我会采用提问的方式让他们明白信守承诺的重要性。

"当别人没有赴约时，你的感觉如何？"

"当你违背承诺时，你觉得别人的感受是什么？"

"如果你临时通知他们不去照顾幼儿的话，你觉得他们不得不去做些什么？"

提醒一下，当孩子忙于应付家庭作业时，偶尔帮他们做一些家务事；或当他头一两次忘记带作业时，帮他们送一下，是完全可以的。毕竟，我们要树立同情和慷慨的模范，并且孩子们也需要知道当他们需要帮助时，家人一直在这里。

鼓励孩子们进行反思

既然你已经掌握了提高孩子逻辑能力的方法，让我们来看一下激发他们的方法吧。

首先，通过分享你的意见、想法和思想，展示你的思考过程。

其次，不管孩子们有多大，让他们与你分享自己的想法。我的父母在这方面很特别。当我只有五岁的时候，他们就真诚地在非常重要的事情上询问我的意见。当然，是适合我年龄的，这让我对自己辩证的思考能力非常有自信。鼓励你的孩子参与到家庭讨论中来，询问他们的建议和意见吧。

当你的孩子分享他们内心深处的想法时，不管你是否赞成，不要不予理会、轻视或否定。不要说："这是错的。我当然确定厄尔尼诺现象为西方带来了更多的雨。"试着说："我总是认为它为西方带来了更多的雨，但我可能错了。让我们再阅读些资料，或许我们俩都能学到点儿新的东西。"

第三种鼓励反思的方式是当你的孩子表达他的想法时，提供积极的反馈："我佩服你分享自己的感受时表现出来的勇气"，或"你似乎真的在这上面花费了很多心思！我能看出来！"

第四，抵制住冲动，不给孩子的房间安装电话、电视机或因特网接入。我亲眼见过这些东西对我的孩子们造成了多么不利的影响——需要花费大量的时间和精力去纠正。沉浸在这种被动互动中的孩子似乎从来不踏出房门。当他们走出房门时，则脸色苍白、目光呆滞，通常是要吃饭、要钱或纠缠着兄弟姐妹。用不了多久，在我们毫不知情的情况下，他们就在自己的房间里度过自己的青少年时期了。

当我认识到自己犯的错误时，立刻就把这些催眠设备从孩子们的房间撤掉了。不久，我的孩子们开始从他们的洞穴中出来，像僵尸在午夜游荡一般，慢慢地，又开始与其他家庭成员互动了——建立关系、倾听、讨论想法，和我们分享他们的生活。

最后，我们可以通过一问一答的对话、角色扮演、列出利与弊的清单等方式去鼓励孩子去思考。

如何给孩子们传递明确的信息

尽管有时候孩子们似乎是到这世上来困扰我们的，但有时却又是反过来的。我们家长做的一些事情让孩子们本来清晰的思路混乱了。当我们对自己的语言和规则不明确时，就很难——甚至不可能——让孩子生成内在对话去做出负责的选择。

避免双重标准

我有多少次听见丈夫对我们十几岁孩子中的一个说："该死，不要骂人！"很多次！家长经常对孩子的行为有一套不同的标准，而他们自己却不愿去遵守，因为——面对现实吧——这些标准通常非常高。严格遵守标准可能需要改掉很多习惯。在上面骂人的例子中，十几岁的孩子很容易为他说的粗话找到各种理由和合理性："哇，我爸爸连珠炮似的讲脏话，他真的很酷。我想这条规则是给别人制定的"或"如果爸爸说脏话，那么我也可以。我不在乎他怎么说"。

不要制订不合理的规则和限制

随着孩子们长大，我们需要对我们制定的一些规则和限制进行修改。毕竟，我们不能期望5岁的孩子和14岁的孩子在同一个时间上床睡觉。（但是有时候，我能使十几岁的孩子比更小的孩子更早上床睡觉！）

如果你想让自己的孩子遵守你的规则，且原因是他们同意这些规则是正确的事情而不是害怕不遵守规则的后果，这时你就不得不制定合理的规则。当孩子们赞同这些规则，他们就不大可能对此感到心烦。混乱的规则和限制会引起怨恨——"她当我是什么，婴儿？"或者外部指引——"我想我最好按他说的做，我讨厌被禁足。"

列出你觉得合理的规则，和你的孩子们一起浏览，征求他们的意见，并解释每条规则的重要性和合理性。然后你要确定整个家庭都检查过，并且在必要时，定期进行修改。随着孩子发生变化，家庭规则也应该变化。

避免没有主见的育儿方式

一些家长对运用家长权威感到不安，因为他们想让孩子们喜欢自己——做孩子们的朋友而不是导师。这里要列举一些常见的没有育儿主见的例子：

● 恳求。当你说，"请不要对小狗这么粗暴了"，那么在孩子揪着耳朵把小狗拎起来时，你传递给她的信息是继续这样做是可以接受的，但你希望她考虑一下。"请"是为帮助"要求"设计的，而不是明确要求顺从。相反，试着给他一个选择："如果你不好好地对待小狗，或许我们可以把它送给可以好好对待它的人。"或者你可以试着提供具体的信息："在我们家不允许虐待动物。"或者可以尝试传递逻辑结果："除非你好好地对待它，不然我就不让你和花生一起玩儿啦。"

● 谈判。很多家长约束孩子的方式，让你觉得是在带头复苏一个旧的电视游戏节目《我们来做个交易吧》。重新检查规则、限制和责任时，谈判是可行的，但在约束计划中，它却无立足之地。如果你的规则是明确且合理的，孩子们应该会别无选择地遵守。因此与其说："听着，上次我把汽车借给你时，你并没有去你说要去的地方。但我们来做个交易，如果你彻底地清洗汽车并给它打蜡，并且如果周六你修剪杜鹃花的话，我这次也可以借给你。就这么握手说定了？"不如说："因为上次你没有去你答应去的地方，我不能把车借给你，直到你重新获得我的信任为止。首先我们将从你生活中的其他方面看看你有多可靠和负责。"

● 不必要的说教和解释——不要，不要，不要。我们对孩子说得越多，他们越是不加理会。我丈夫是一位挪威移民，当某个孩子抱怨任何令他们身心疲惫的事情时，他都会发表自己臭名昭著的演讲："在你这个年龄的时候，我天天走十里地去上学，上下学都是上坡路。"在几秒钟内，孩子们的目光会变得很呆滞（可能在爸爸的演讲开始时就因为脑海里的翻腾而筋疲力尽了），很明显他们的思维已经飘到别的地方了。这让人相信真有灵魂出窍的概念。因此，如果你的孩子由于骑自行车上学而抱怨，告诉他："你要么继续抱怨直到迟到，要么骑车出发，在铃响之前赶到学校。"

● 用"好吧？"或"没问题吧？"结束要求。当你说："不要在杂货店里这样奔跑，好吗？"你基本是在请求孩子允许你去教导他。比较好的说法有："你要么待在购物车旁边，要么我们现在可以回家了"，或者

"在公共场所奔跑很危险",又或者"如果你回来待在我可以看到你的地方,我们就留下来继续买东西"。

- 类似"我放弃了"的话语。当孩子们听到"我真不知道拿你怎么办"或者"我放弃了,看起来没有什么能对你奏效的"之类的话语,你的孩子不仅会想:"哦,好呀!我终于逃出魔掌了!"而且他们会知道:"让妈妈忍无可忍"是一种有效的操控工具。但在他们内心深处,他们会想知道为什么他们不值得你努力去帮助他们规矩点儿。如果你真的对约束方式一筹莫展,就告诉孩子:"我现在真的很心烦。我需要几分钟整理下思绪,然后再决定怎么处理你的行为。"你可以要求他站在你的立场考虑下:"在这种情况下,如果你是家长,你会怎么解决?"尽管孩子们要测试自己的极限,但他们也真的想要坚定地执行明确的规则和限制。懦弱的教养会让他们对自己、父母以及他们不稳定的生活感到不确定。

忽视内在的不诚实

有时候孩子的理由像闪烁的霓虹灯一样明显。而我们家长则经常放任他们的内在不诚实溜走,因为这需要精力去解决,或者我们不想认为他们有缺点,或者我们不想伤害他们的感情,又或者我们也像他们一样在为他们的问题找理由。但如果不面对每个使自己合理化、为自己找借口或欺骗自己的尝试,或将错误转嫁给他人,我们就会放任这种内在不诚实机制变得越来越强大,直到最终一点儿对孩子们进行内在监护的机会都没有。

当你的孩子对自己不诚实时,对他摊牌。举个例子,当杰西卡放弃参加她期待了几个星期的派对时,她的理由是玛丽举办的派对总是那么无聊。你可以做出这样的反应:"似乎昨天你还为参加这个派对而兴奋不已。我有种感觉,你隐藏了一些事情。到底发生了什么呢?"

杰西卡回答："好的，你是对的。我真的很心烦，因为我的一个朋友听见玛丽告诉别人她之所以邀请我参加，是因为她在暗恋我哥哥。她说我是一个彻底的失败者。"

你可以回应："对我或对你自己来说，承认这件事都需要很大的勇气。尽管我知道这肯定伤害了你的感情，但你觉得逃避问题是唯一的解决办法吗？"

杰西卡回答："我想应该让玛丽知道我了解她的动机，并且她的话真的伤害了我的感情。"

你说："这听起来是个好主意。谁知道呢，或许整个事情就是一个误会，立刻就能消除了。如果不能，玛丽也将知道你不能忍受什么样的行为。"

一旦你的孩子意识到正如你不会让他蒙骗你一样，你也不会让他蒙骗自己，他将会感受到对自己诚实以及恢复自我清晰感所带来的巨大安慰。

作为孩子们需要和应得的导师，我们可以用爱、信心和清晰感指导他们。我们的爱无条件但主观，是能照射出他们内在宝藏的镜子，不管是明摆着的还是隐藏着的，不管是现在还是将来。我们对他们的潜能抱有的信心是激发他们跌跌撞撞往前走、重新站起来和再次尝试的火把，指引他们接受困难或艰巨的挑战去培养自己的力量和能力，去定义自己独特的个性、喜好、洞察力和目标。我们的清晰感是一位信使，以明确的方式传递我们的指导、信心和爱——兑现我们抚养他们独立自主的决心。这三种信念像三盏明灯一样照亮了孩子们前进的道路。

第10章
指引孩子长大成人

父母能教给孩子最重要的事情，就是孩子在没有家长的时候应该怎样前进。

——弗兰克·A.克拉克（Frank A. Clark）

如果我们要培养一生独立自主的人，除非我们已经准备好让孩子们在成人的世界里生活，否则我们不能在孩子们年满18岁时就把他们从家里撵出去，锁上门，擦一擦额头上的汗，重重地松一口气，或跳起博茨瓦纳部落的欢乐舞。当他们是孩子的时候，产生自主和独立是一件事情，但如果没有实践技能，他们独立自主的意识会很快消失，速度比雪貂拉起裤腿还快。

我们一定不能把这个任务留给学校和其他外人去完成。培养孩子们成为幸福、富有成效和有贡献的成人的任务最终要由我们家长来完成。本章中，我们将探索鼓励孩子们独立的方法，然后讨论我们能帮助孩子们获得的过渡技能，这样他们就会稳稳当当地走向成年，而不是像大多数青年一样迎接重大打击。随后，我们将寻找帮助孩子在成长的各个阶段制订人生计划的方法，最后我们将探索帮助他们成长为有贡献的成人的方法。

鼓励独立

我们已经讨论过鼓励孩子自力更生的育儿策略了，现在这里有20条育儿习惯可以培养孩子们的独立性。

避免养成依赖的悲观言语

很多常见的言语实际上都阻碍着孩子们培养独立的性格,有时候我们会说一些对他们的潜能没有信心的话,虽然我们只是在表达帮助自己深爱的人的愿望。很多时候我们对他们能力的认知落后于他们实际的做事能力。因此,我们无法想象他们可以成功地完成某个工作。当我们说这样的话时,我们是在告诉他们不要打开翅膀飞翔——保持停滞不前的依赖状态是可以接受的。这里列举了一些例子以及鼓励孩子独立的替代方案。

不说"这没有用",改为"值得一试"。

不说"你不能自己完成这个",改为"如果你愿意的话,我可以帮助你"。

不说"你不可能够到那么高",改成"这太高了。如果你需要帮忙的话,告诉我一声"。

不说"你自己不可能拎起来",改成"如果你觉得太沉了,我可以帮助一起拎"。

独立伴随着责任

当你的孩子完成一项展示他自给自足能力的任务时,确定他可以接受与之联系紧密的责任。当我坐在这里笨拙地在笔记本上敲敲写写时,只要将脑袋转45度就能看到被当作科学实验室用的厨房。我10岁的儿子卢卡斯正在进行七种不同的实验——从制作钟乳石,到研究植物朝着光弯曲的方式,再到用他自制的湿度计检测各种各样的液体(其中一些我都不认识,也真的不想去认识)。

我从来没有试图阻止他在创造性思维方面的探索,但规矩是:他事后必须进行清理,至少给我留出两平方英尺的柜台空间来准备晚餐。

一旦了解和展示了恰当的安全实践活动,大多数13岁的孩子都可以使用家庭工具,只要他们能够好好地爱护并在用完之后放回原来的位置。这种责任感甚至可以让他们在指导下使用电钻和电锯。这种信心的飞跃提供了让他们学会警惕、责任和尊重他人财产的机会。

另外一个鼓励孩子独立但要负责的例子是：假如你5岁大的孩子往她的麦片粥中倒牛奶时洒了一些，不要替她完成这个工作，责怪她，或自己清理残局，而是要做出这样的反应："我注意到你在自己倒牛奶，牛奶盒对于你这样年龄的小孩有点儿重，但你只洒了一点点。给你一个抹布，清理一下没有倒到碗里的牛奶。"

鼓励孩子自己做事情

一些孩子生来就有独立的渴望，而另外一些则需要轻微地推动一下。当你的孩子不太情愿去做你认为他有能力完成的事情时，用支持和鼓励的话帮助他走出这一步，并让他知道搞砸了也没关系。如果他真的没有成功，指出他在这个过程中做得好的地方。当我最大的儿子学着去写信的时候，他真的在挣扎。他继承了自己母亲龙飞凤舞般难以辨认的书写方式，看起来像是梵语而不是英语。我注视着他在写字板上写了一整行的小写e，大部分一点儿也不像那个字母，但当我发现一个特别接近的时候——如果你斜着眼看的话——我说："哇，这个字母的底部正好在线上，并且你让它的顶部也正好在线上了！"在这句简单的话之后，其后他所有的e最起码都像这一个那么好了！有一些甚至看起来像是机打的。这些字母写得如此之好，甚至让我感到自愧不如。

当永远支持孩子的观众

完成一项任务学到的东西远比看着任务被完成要多。当然，如果你的孩子不知道如何下手，你可以给他一些指导，但在随后他努力完成任务时，要抵制住接管过来的冲动。要做的只是鼓励他、指引他。比如，假如你的女儿决定做串友谊手链作为圣诞礼物送给所有的同学。当她完成了一到两个之后，她的手指开始变得僵硬，珠子开始从绳子上滑下来，然后她由于受挫突然开始大哭："这些该死的珠子！我为什么要决定做这些手链呢？我永远都不可能在明天做完!我讨厌它们(跺脚)!我讨厌它们(跺脚)!我讨厌它们(跺脚)!"

在这个时候,控制住自己不去把事情接管过来,而是要肯定她的感受:"很抱歉你这么难过,亲爱的。实际上我很惊奇你能那么快完成头几个手链。"或许此时可以提供一个建议:"可能你每做完几个就稍微休息一下会有帮助。休息之后,如果你觉得有用,我可以教你怎样用缝衣针穿这些珠子。"

要帮助孩子培养技能、毅力以及挫折耐受力,当他的年龄大到足够可以做贡献时,与他一起完成一些事情。例如,和你的孩子合作种植花草、制作鸟笼、组装玩具,等等。

随着时间推移,抽离你的支持

随着孩子们经验、认知能力、情绪复原能力和体力的增长,他们将越来越不需要你的支持。但由于这种增长很缓慢,我们有时候很容易年复一年地为他们提供同样水平的帮助。尤其是对于他们感觉不太愉快的任务,如家庭作业。孩子最不想让你破坏他的节奏。实际上,如果你可以包办他所有的家庭作业,他可能会像郁金香农场的蜜蜂一样快乐。因此,尽管在早些时候,孩子完成作业需要你的支持,但随着他们的成长,你必须慢慢地抽离自己的帮助。当他们到四年级或五年级的时候,大多数的孩子只需要偶尔的帮助。当他们进入中学后,几乎就不需要支持了。一定不要唠叨孩子去做家庭作业。你应该让学校功课的责任落在孩子自己的肩膀上,而自己不承担任何责任,这样孩子才能在学习上劲头儿十足。家长的作用就是当孩子真正有需要时,提供时间、支持以及有利于他们学习和完成其他家庭作业的环境。

对孩子怀有高远但健康的期望

当我们鼓励孩子们全力以赴时,他们通常可以应对自如。有时候他们只需要家长提供一点点建议去弄明白如何更上一层楼。因此对自己的孩子要怀有高期望,但要理性地对待。最好鼓励孩子对自己的成绩持有健康的期望。

表达自己的期望时，不要如同提出要求一样，而是传递一种爱的信息，相信孩子可以发挥他的全部潜能，可以完成任何他全身心投入的事情。

鼓励孩子的爱好以及其他开发能力的活动

爱好是孩子有兴趣参加的活动，为培养孩子独立的能力提供了宝贵的机会。因此要注意孩子们的爱好和他们喜欢的活动，帮助他们开发与兴趣相关的能力，或在社区寻找孩子喜欢并且寓教于乐的活动。

和孩子谈话、谈话、谈话

只要不是充满说教并且可以抓住孩子的兴趣，就可以和孩子谈论大大小小的事情。谈话是家长培养孩子独立的重要工具。从现在发生的事谈论到彼此一天中都发生了什么事情，这不仅有助于培养孩子的谈话和倾听能力，还可以传授知识和告诉孩子你很重视他所说的话。

为孩子展现一个知识的世界

要成为独立、自发的学习者，孩子们需要了解他们手边有大量的信息。然而，好多孩子没有接触过这些资源，尽管它们就在几个街区之外。因此要带孩子去图书馆、社区中心、书店以及博物馆，弄清楚这些是否能引起孩子的兴趣。务必让这些机会变成令人兴奋的探险而不是无聊的责任。通过这些活动，你不仅可以了解自己孩子的兴趣，还能使他们有机会探索和发展新的兴趣。

鼓励孩子去实践

俗话说"熟能生巧"，这是很有道理的。当孩子一次次地重复某项技能时，他们的错误就会越来越少，对这项技能就会越来越精通。鼓励孩子练习、练习，练习他们的技能。这是不是意味着将家长的唠叨能力磨练得像刀锋一样？当然不是。你只需要提供实践的机会以及他们需要的时间、空间和设施。

想办法让实践活动变得有趣！当我的孩子练习系鞋带时，我常常唱一首快乐的歌。如果孩子拒绝练习，可以使用第7章中提到的约束技巧："我看到你今天还没有练习钢琴,而你的老师还有不到一个小时就到了。是你自己要求学习钢琴的。这是一个承诺。因为我们史密斯家的人都信守承诺,我建议你马上开始练习。"尝试提供有限的选择:"你想什么时候练习弹钢琴,现在还是晚饭后?"或者交给自然结果,当钢琴老师听到他的琴声后,自然就有结果了。

鼓励孩子去挑战

当孩子接受一项有挑战的任务时,犯错误或彻底失败的风险很大。据我们了解,这些挫折不过是迈向成功的垫脚石。如果有足够的时间从一块垫脚石跳到另外一块,你的孩子就能以健康的态度对待失败。此外,孩子还可以获得广泛的复杂技能——只有挑战和奋斗才能提供的。也就是说,要鼓励孩子接受挑战,不仅仅是确定可以成功的挑战。让孩子的好奇心和热情引导他们,尽管这可能会以失败告终。孩子们在小的时候,对新尝试的情感投入不会那么高。因此,如果他们搞得一塌糊涂,也不会摧毁他们。这是一个很好的方法,让孩子们去发展失败后复原的能力。

重视孩子的尝试

即使孩子们没有成功地完成任务,在他们的尝试中也藏着充满宝贵教训的百宝箱。当你的孩子没有成功时,告诉他,你很重视他的尝试:"我真的很欣赏你尝试撑杆跳高时表现出来的勇气。"表扬孩子的尝试以及他的毅力,告诉他们努力比结果更重要。这是旅程而不是终点。

保持自己的客观

没有什么比一群手持打分板的奥林匹克运动会裁判更能打击孩子尝试独立的了。如果关注自己正在做的事情,而不是自己如何做才能符合他人的标准,孩子们就能做到更好。他们需要的是客观回馈,而不是主观评价。因此,当孩子尝试新技能或失败时,一定不要批评或嘲笑他们。孩子们需要感觉到我们相信他们最终能成功,并且他们需要了解即使失败了,我们也一样爱他们。我们的爱绝不由他们的成功或失败决定,仅此而已。

指出孩子新学会的技能

有时候,孩子们很难辨认出自己从刚刚尝试的任务中学会了什么,尤其是当他们的尝试以失败告终时。因此,当你的孩子失败了,指出他从过程中学到的新技能:"我知道你可能对没有得到学校表演中的那个角色感到失望,但想一下——这个尝试帮助你克服了在公共场合讲话的羞怯,而且你似乎对自己的课堂辩论技能更自信了。"

尽早开始接受小挑战

孩子们越早踏上通向独立的坎坷之路,他们的旅途就会越平坦,就能越快达到目的地。因此要让孩子们尽可能早地开始接受小挑战。随着他们长大,他们面临的挑战也会变得复杂并且需要付出更多的努力。

给孩子反馈信息

有时候你需要提醒孩子们回头看看他们身后越来越长的路,这样他们就可以欣赏一下自己凭借努力和勇气获得的成果。当孩子掌握了一种表示他越来越独立的技能时,根据自己的客观观察给孩子反馈——轻轻地拍拍他的肩膀:"去年你自己还不能扣上外套的扣子,但看看现在!你自己可以处理这么多事情了。我想你真的长大了。"

鼓励孩子在更广泛的范围内独立起来

想要成功地进入成人生活,孩子们需要在学习、体育、个人护理、日常生活管理以外的其他方面独立起来。帮助你的孩子发展在规划、组织、决策、抵抗压力、人际关系(同情心、敏感、建立和保持友谊)、解决冲突以及解决问题方面的能力。上面的一些方面我们已经讨论过了,其余的随后将进行讨论。

指出独立的好处

当孩子们掌握了一种独立技能时,一些正面作用在当下不会那么明显。如果孩子们没有注意到,就要为他们指出那些被忽视但却很重要的好处:

"我打赌，你一定很高兴能不用等我帮忙就可以自己系鞋带了。你的小妹妹还是一个婴儿，她自己什么事情都不会做。什么事都要指望别人一定很难受。"

鼓励孩子持之以恒

我们都知道当事情开始变得很无聊或当失败的尝试越来越多时，坚持埋头苦干并不容易。当你的孩子表现出获得独立需要的坚持时，给他们积极的反馈："看看你！你本来都要放弃学习骑你的新自行车了，可你却坚持下来并且学会了！现在你可以和哥哥一起骑车玩儿了。"

"真诚地"请求帮助

看着自己的孩子缓慢而费劲儿地学习新技能的"痛苦"会换来"收获"——随着他们长大，他们越来越熟练的能力让我们的养育工作越来越轻松、越来越愉快、越来越不沉闷。

当你想让孩子学习新技能时，要真诚地请求他们帮忙，而不是提出他们必须满足你的要求，从而使他们增长经验、独立性，以及学会负责任。如果必须这么办的话，装作需要孩子帮忙。比如，如果你对女儿说："有一大堆早餐盘子要清洗，我上班恐怕要迟到了。你愿意帮我把报纸拿进来，然后喂喂狗吗？"她很有可能很愿意帮忙并很骄傲自己能帮上忙。但是如果你说："克里斯蒂娜，轮到你去拿报纸和喂狗了。我不想再提醒你了，下次你要主动点。"她可能唉声叹气地，像太阳马戏团的杂技演员在训练一样翻着白眼，慢吞吞地走出门，像关节拉伤了一样。激发孩子们做事情的渴望时，要根据他们的个性制订你的请求。

"安妮卡，我最喜欢的钢笔滚到沙发底下了，只有你的手小到能够得到，你愿意试一下吗？"

"我怎么都找不到我的眼镜。迈克尔，你的眼睛总是那么敏锐，并且你比我更知道哪些地方容易找到。你愿意试试看是否能找到吗？我只能依靠你的帮助了。"

类似这样的话给孩子的信息是他们受到了重视，而且在家里扮演着有意义、有贡献的角色。此外，要想让孩子成长为独立自主的人，必须使他们感觉受到重视。

缓和从儿童到成年的转变

帮助孩子在成年人的世界中生活的最好办法是培养他们掌握所有成年人需要的技能。孩子们甚至从蹒跚学步时起就已经开始学习有助于他们作为成年人生活的技能了。随着孩子们渐渐长大，我们可以根据他们的发展和成熟度来调整这些技能。自然而然地，他们需要的技能会随着时间变得更复杂、更有挑战性。尽管每个孩子都是独一无二的，但在这里仍要给大家一些建议：

托儿所——18个月到3岁
- 醒来后整理床铺。
- 收好玩具。
- 把脏衣服放进洗衣篮。
- 清空餐盘，不能洒落食物或打坏餐具。
- 在家长的帮助下梳头。
- 收好书本。
- 选择早餐食物。
- 脱衣服（2~3岁）。
- "叠"衣服并放好。
- 收拾玩具。
- 在桌子上"摆好"塑料餐具和餐巾。
- 在家长的指导下用脸盆清洗不易碎的东西。

- 检查宠物的状态并告知宠物的需求（如食物和水）。
- 用湿抹布清洗黏性玩具。
- 每天爱抚宠物，让它感受到被爱。
- 扔掉用过的尿片。
- 用儿童专用的扫帚或小扫帚打扫门廊。
- 完成搅拌黄油、清洗蔬菜的工作。
- 找出同一双袜子。
- "叠"毛巾和餐巾。
- 吃饭和睡觉前洗手。
- 帮助家长为小点儿的弟弟或妹妹拿尿布和玩具。

幼儿园——3~4岁

- 在父母断断续续的帮助下收拾房间。
- 给宠物喂食物或水。
- 擦掉家具上的灰尘。
- 做简单的三明治。
- 打扫台面和桌子。
- 做简单的水果沙拉（把香蕉剥皮，用钝刀切成薄片；把橘子切割成片；冲洗葡萄并去籽）。
- 把生菜撕成小片。
- 把小垃圾袋拿到外面。
- 分类垃圾。
- 用安全剪刀剪下优惠券。
- "叠"毛巾。
- 帮忙购物，放好杂货。

- 擦皮鞋。
- 冲冷麦片粥。
- 做简单的点心。
- 在家长的指导下帮助照料花园（给植物浇水、除草，播种，等等）。

学前班——5～6岁
- 为小院子割草做准备（捡起棍子和玩具，把折叠椅搬到露台上）。
- 照料小花园（种植，在家长的指导下除草、浇水、收获）。
- 给短发的温和宠物梳理毛发。
- 操作真空吸尘器，最终学会使用它打扫门厅。
- 清理浴室的洗手池、浴缸和马桶。
- 给宠物洗澡。
- 放好杂货。
- 打扫人行道。
- 选择合适的穿着。
- 给自己洗澡（尽管有些孩子可能不会洗头发）。
- 邮寄感谢卡。
- 倒垃圾。
- 做简单的午饭和早饭。
- 为自己倒饮料。
- 为亲人们选择礼物。
- 学习烹饪技能，需要使用热源和锋利的刀具的除外。
- 经常收拾玩具。
- 铺床和打扫房间。
- 自己穿衣服和选择衣服。

- 擦洗水槽。
- 叠衣服并放好。
- 摆放部分或全部的餐具。
- 饭后收拾餐具。

小学——6~9岁
- 学会更高级的烹饪技巧（使用锋利的刀具，精心研制的膳食计划、营养成分，等等）。
- 开始加强厨房安全训练。
- 给植物浇水。
- 遛狗。
- 训练宠物。
- 早上自己起床，晚上自己睡觉。
- 管理学习用品。
- 携带自己的零用钱。
- 清理汽车内部。
- 处理小伤口。
- 给蔬菜去皮。
- 谦恭且有礼貌。
- 记录简单的电话留言。
- 护理自行车。
- 冲洗墙面和地面。
- 给浴缸放水。
- 帮助别人做事。
- 和家长一起为自己挑选和购买衣物。

- 换校服。
- 书写简单的信和感谢信。
- 给婴儿喂食。
- 为家具除尘和打蜡。
- 在家长的指导下安排自己的学习或写作业的时间。
- 挂起衣物。
- 学会正确、安全地使用清洁设备,并了解其危险性。
- 摆放餐具。
- 打扫地面。
- 给宠物喂食和喝水。
- 把衣服装入或移出烘干机。
- 清洗餐具。
- 倒垃圾。
- 将不易碎品从可以够得着的洗碗机中拿出来。
- 将不易碎品放入洗碗机中。
- 饭后将食物放好。
- 准备带去学校的午饭。
- 头天晚上就把衣服准备好。
- 保持房间整洁。
- 早上帮助小点儿的弟弟或妹妹做好准备。
- 帮忙叠大部分洗好的衣服。
- 理解拨打911的含义。

小学——9~11岁

- 保持房间整洁有序。

- 计划和准备简单的饭菜。
- 每周打扫除了自己房间外的另外一个房间。
- 倒垃圾。
- 打扫车库或地下室。

到五年级
- 自己赚零花钱。
- 独自待在家中。
- 能很好地独处或与朋友相处。
- 诚实地处理多达20美元的钱。

中学——11岁~14岁
- 换床单。
- 完成小的修补工作。
- 记录复杂的电话留言并且展现恰当的电话礼仪。
- 熨烫衣物。
- 修剪草坪（12岁及以上）。
- 知道怎么做简单的急救。
- 知道如何给小点儿的孩子做急救。
- 规划自己的学习时间。
- 指路。
- 问路。
- 换零钱。
- 独立烘烤曲奇饼干、派和蛋糕。
- 在一点点的指导下使用洗衣机和烘干机。

- 按照清单采购杂货。
- 按照食谱准备食物,制作更复杂的饭菜。
- 等候客人。
- 规划自己的派对。
- 实施简单的急救。
- 清洗汽车。
- 自觉做家务。
- 清洗窗户。
- 帮助粉刷房子。

高中——15~18岁

- 开车接参加学校活动的弟弟妹妹回家(学会开车以后)。
- 照顾幼儿直到深夜。
- 自己购买衣物。
- 建立并遵守预算。
- 把要洗的衣物分类、预处理,然后进行清洗、烘干。
- 处理所有的草坪养护工作(除草、施肥、修剪树木和树篱,等等)。
- 粉刷房间。
- 制订并完成长期目标,如自己赚钱买一辆汽车。
- 制订详细的人生规划,细分为短期、中期和长期,并按计划行事(见本章后面如何帮助你的孩子建立和管理人生规划)。
- 展现个性:正直诚实、负责任、尽义务、可靠、忍耐,等等。
- 坚持做负责的选择。
- 处理整个大学申请程序,包括请别人写推荐信,选择大学,了解大学里都有什么课程，确定选择的大学是否符合将来的事业规划，填写并邮寄申请书，完成大学论文，安排面试和自我情况介绍，准备入学考试，寻找奖学金和经济支持，直接向招生官提问等。

- 帮助粉刷部分或全部房屋外墙（一些18岁的孩子可以独立完成这个工作）。
- 独自去看医生。
- 妥善地处理顾客的投诉。
- 大多情况下可以处理火灾、医疗等紧急情况。
- 照顾婴儿，换尿片、洗澡。
- 照顾年纪大的亲属。
- 准备更复杂的饭（高中生一个月至少一次）。
- 跑腿办事。
- 制作履历或简历。
- 掌握面试技巧。
- 安排工作面试并可以妥善处理。
- 展现出正确的工作道德。
- 安排维修坏掉的电器和设备。
- 通过电话获得技术支持。
- 帮助别人搬家。
- 人工或使用财务软件，如Quicken，帮助支付家庭账单（签支票除外）。
- 预约时间。
- 去杂货店购物。
- 清洗汽车，更换机油，更换轮胎。
- 缝纫。
- 准备自己的个人所得税表。

- 掌握基本的投资知识。
- 练习模拟投资并随时关注其变化。
- 如果有自己的银行账户，平衡收支并核对银行对账单。
- 建立并遵守正确的储蓄计划，包括慈善捐助、基本日常开销、可随意支配的金额以及长期目标。

自然，这些年龄群的界限是模糊的。毕竟，孩子们在不同的区域以不同的速度成长。也就是说，应把这个表格当作一个粗略的指导，最好鼓励孩子去做我们认为他们能处理的事情以外的事情。通常，孩子们给我们带来的惊喜比给他们自己带来的要多。

指导和指引孩子的组织机构

青年发展计划是另外一个培养孩子们生活必需技能的方法。很多计划是全国范围的。尽管每个组织都有自己独特的关注点和具体的活动，但要选择一个可以为孩子提供下列机会的机构：

- 负责任。
- 属于某个团体并且是重要的成员。
- 团队合作，领导并发展团队意识。
- 被听到——讨论和思考问题，通过各种媒体表达自己，练习各种交流技巧。
- 参加多种多样的能力培养活动，根据自己的兴趣做出选择。
- 参与主动学习的活动。
- 在工作人员的帮助下制定目标。

- 学习和练习新技能和才能。
- 定义行为的标准。
- 参与决策制订过程。
- 评估和给予反馈。
- 制订计划，分享计划，实施活动。
- 参与社区发展，并为之做贡献。

上述清单源于青年投资论坛（www.forumforyouthinvestment.org）。通过对孩子、青年和家庭投资的组织机构的规划、研究、倡导和政策发展，青年投资论坛致力于提高青年计划的质量。

青年投资论坛的网站上有关于青年发展计划的论文、文章、社论报告研究结果，并提供了设计、管理及其效力信息。我们可以浏览这些信息，以及订阅信息性的《青年投资论坛快报》。

虽然这并不是一个囊括我最喜爱项目的完整清单，但下面是一些值得考虑的计划：

4-H青年发展项目（4-H Youth Development Program）（www.fourthcouncil.edu）

这是美国4-H委员会的网站，可以指引你去参加当地的4-H项目。不仅仅局限在农业项目，也为年轻人提供了参加100多个其他领域的方式，包括：

- 社区服务。
- 交流。
- 艺术。
- 消费者和家庭科学。

- 环境教育。
- 地球科学。
- 健康生活方式教育。
- 领导。
- 植物和动物。
- 科学和技术。

由于覆盖了全球，因此也可以提供交换项目。你可以订阅他们的快报《青年的力量》，注册成为志愿者，通过上述网站进行捐款。

玫瑰基金会（The Rose Foundation）

（www.rosefoundation.org）

这个国际组织为年轻人提供计划："推动和促进社团活动、创造性表达、协同工作能力、独立以及责任感，同时使他们能够实现自己的愿望，并且成为积极、建设性、有爱心的社区成员"。

下面是玫瑰基金会提供的一些项目：

- "建立自尊和构筑成功"：覆盖了个人成长和发展，以及孩子们处理同龄压力的方法等问题。
- "管理愤怒和解决冲突"：关注化解自己困境的学习能力；教导使用交流和同龄人调解的方式来解决问题。
- "到处旅行，做出改变"：旨在帮助孩子了解真实的生活问题并做出回应，与大人建立起伙伴关系，探索就业机会，掌握打造成功未来的技能。
- "青年学者领导学院奖学金计划"：一个国际指导和交换计划，从2005年开始，提供美国以及主办国的奖学金机会，让青年人开阔自己的教育视野，同时在各自的国家或赞助单位争取到就业机会。

美国篝火夏令营（Campfire USA）

（www.campfireusa.org）

这个知名的组织为女孩和男孩提供男女同校的项目，在小团体的环境下培养他们独特的天赋和才能。尽管以年轻人为中心，但篝火夏令营也会组织整个家庭参加有趣、富有成效的活动。在团体和社区中，个人成就能受到认可和奖励。个人能力的培养是篝火夏令营计划的关键部分，可以逐渐培养年轻成员们的自信和领导能力。

美国女童子军（Girl Scouts of the USA）

（www.girlscouts.org）

从1912年开始，女童子军项目就开始为全国以及世界各地的女孩们提供有趣的经历。和篝火夏令营一样，这个计划也是在小团体环境中进行的。计划的目的是发展个人潜能、与他人相处、发展价值观以及为社会做贡献。在适龄、增值目标下，女童子军鼓励提高自我能力建设和责任感，提倡发展强大的领导和决策能力。

男童子军（Boy Scouts）

（www.scouting.org）

与女童子军类似，这个项目为男孩子们提供性格、公民义务、责任、个人健身训练。目标驱动的计划打造了一种很高的自理能力，通过激励各种品质，如：主动性、勇气和智谋；灌输基于宗教观念的个人价值；培养帮助他人的愿望和技能；教授美国社会和政府系统的原则；传递美国传统的知识以及自豪感，了解美国在世界上的地位；培养对所有人基本权利的尊重；以及准备参与和领导美国社会。

社区影响（Community Impact）

（www.impactusa.org）

此组织提供青少年金融知识项目，训练15~24岁的城市年轻人为他们自己、同龄人以及邻里提供教育和经济机会。

拓展训练（Outward Bound）

（www.outwardbound.com）

拓展训练就是野外探险，强调通过经历和挑战获得个人成长。在全世界范围内的各个地方组织各种项目，让参与者通过登山、攀岩、划皮划艇、徒步旅行和划独木舟沉浸在大自然中。

不管你的孩子是否在通往独立自主的路上努力奋斗，如果他足够幸运地参加了拓展训练，他将有机会发现并扩展自己的情感、精神以及身体极限。优越感消失了；责任感和自尊心高涨；对生命有了新的看法，如什么是重要的以及什么不是，关心自己和他人需要怎么做。

所有的计划和课程设置都是为了让学生养成自立性、责任感、团队合作、自信心、同情心，以及对环境和社区的管理能力。旅行者提升课程是专门为奋斗中的青少年设计的。

参加两到四周的政府举办或赞助的野外计划对普通纳税人来说可能显得太昂贵了，但从长远来看，为整个国家培养独立自主的人才比其他任何一件事情都值得去投资。而且多亏了其他机构慷慨支持，为我们提供了经济帮助和奖学金，不然有些人可能会以为拓展训练这样的探险机会只是一次枉费心思的宏愿罢了。

徒步旅行（Walkabout）

（www.walkabout-treatment.com）

如果你的孩子还在与不负责的选择、自尊心不足、被夸大的优越感以及家庭冲突做斗争，千万不要绝望！徒步旅行是由土著年轻男女为成年所做的丛林流浪而得名的，将帮助孩子们克服阻碍他们独立自主的障碍。徒步旅行的目的不是荒野旅游或生存技巧，而是治疗。野外的环境没有物质和技术扰乱他们的注意力，没有参与者熟悉的"情感安逸窝"。这可以帮助孩子们把消极的情感习惯变成积极的习惯。这种方法的基础是个性化治疗、户外经历、积极与同龄人互动，以及让每个家庭都掌握帮助孩子成长的技巧。

奋斗中的青少年（Struggling Teens）

（www.strugglingteens.com）

这个网站是由朗·伍德伯里创建的，为努力成为独立自主的孩子们提供了海量的信息和服务。伍德伯里是一位教育顾问，从1984年就开始与为各种项目而奋斗的青少年合作。他为处于行为和情感问题中的青少年的父母提供了全国性的指导服务，撰写了《伍德伯里报告》（一份教育快报），发表了一份目录，为选择能力低的孩子提供了合适的学校和项目，也是其研究结果的一部分。

在线金融知识项目

- 国家金融教育基金会（NEFE）青少年资源局（www.ntrbonline.org）是一个针对年轻人的个人财务网站。它覆盖了金钱管理的基本知识以及帮助青少年更多地了解如何购买一辆汽车、支付大学学费、发展自己的独立性和为周末攒钱。

- 年轻人商务（YoungBiz, YoungBiz.com）为年轻人提供商业、投资以及创业方面的信息。

- 青少年消费者教育（Consumer Education for Teens, www.wa.govlago/youth/default.html）由青少年为同龄人而写，旨在帮助青年消费者避免受到敲诈。主题覆盖了音乐俱乐部、纹身、健康俱乐部、购买和维修汽车、信用卡、汽车音响、奖学金诈骗、互联网诈骗、电话推销员、公寓租赁以及商品退换。

● 大学经济资助与规划顾问（The College Financial Aid and Planning Counselor, www.college-funds.com）提供经济资助规划窍门，能帮忙节省数千美元以及解决数小时的头痛。

利用其他成年导师

很多成年人都渴望并愿意帮助孩子们成长为有坚强的性格、能力、自信，以及可以为世界做特殊贡献的人。这些宝藏隐藏在我们的学校、我们的业务、我们的礼拜场所，甚至在我们自己的家里。作为家长，我们的任务就是找到这些可以为孩子们在学习上或是其他方面树立榜样的人。

成年导师能帮助您的孩子探索和发展他们的才华，培养对未来的成功生活起到非常重要作用的能力，思考他们的想法、问题、价值观以及梦想。

虽然很多社区都有导师项目，你也可以在邻居间组织导师合作，每周或每月与邻居们交换孩子。带孩子去远足，介绍他们参加新活动和获得新体验，或只是和他们"外出"，作为没有威胁、客观、慈爱的大人，应倾听他们的烦恼和问题，但不评价或批评他们。

简·诺曼，文章《建立高效的青少年——成人伙伴关系》的作者，赋权年轻人的项目经理，青年之声（www.advocatesforyouth.org）（Advocates for Youth）网站的发言人，描绘了孩子在成人导师指导下的好处：

● 在身体和情感上都感到安全。
● 与有爱心、能关爱他们的成年人建立关系。
● 获得知识和信息。
● 参与有意义、有目的、连续性和多样化的活动。

诺曼称弹性研究已经发现一些"保护因素"，可以区分能克服不利或高风险处境的孩子。孩子通过与成年导师建立起关系获得的保护性因素包括：

- 社交能力：响应能力、适应性、交流技巧、同情心与爱心、幽默感，以及其他有利于社交的行为。
- 解决问题的能力：抽象、反射性、弹性思考的能力，以及对认知和社交问题能想出替代方案的能力。
- 自主性：认同感、独立行为和控制自己所处环境的能力。
- 目标感和未来意识：健康的愿望和目标、对成功的定位、实现目标的动机、教育抱负、充满希望、性格坚毅，以及凝聚感。

诺曼也引用研究结果说明了导师关系为孩子提供了机会去发展和巩固他们的内在控制力，或"感觉能影响自己以及他人所处的环境"。强大的控制力也是一个塑造弹性年轻人的保护因素。然而，导师关系不仅仅对孩子有好处，成年导师也能感受到生活中发生的正面变化：

- 亲身体验青少年的能力和贡献。
- 从与青少年的合作中找到增强的承诺和能量。
- 在与青少年进行的合作及相处中感受到更有效率和更有自信。
- 了解青少年的需要和烦恼。
- 与社区的联系感变得更加紧密。
- 赢得人们广泛的注意。
- 分享知识、提高创造性和从不同的角度接受新思想。

怎么建立完整有效的青少年—成人导师关系？诺曼认为对我们而言重要

的是：

- 对每个人在这种关系下的作用和责任要建立清晰的目标。
- 根据孩子的能力和意愿划分责任。提供有助于鼓励包括领导、交流、自信、面试等方面进一步发展的能力。
- 分享决策能力。
- 了解不同的交流方式。某些方式并不意味着不敬、不关心或与你有不同的目标和期待。如果你不理解他在说什么，要问清楚。
- 重视每个人的参与，重视导师关系。
- 随着时间增长，给孩子更多的责任。
- 尊重孩子有其他兴趣和优先的事实。不要让孩子陷入过多的义务和承诺中。

对于孩子从童年向成年过渡的艰难时期，导师是非常宝贵的资源，但经常不为人知。与除父母之外的一位成年人建立正面、关怀的关系能为每个孩子的生活和未来带来深远的影响。

帮助孩子制订人生规划

尽管很多人认为这一代孩子非常有抱负，但他们几乎没有什么人生规划。很多孩子把进入大学当成一切和终极目标，但对于如何将他们的抱负转变成为目标，以及如何在现实中实现目标却一无所知。

比如，一个孩子可能有志成为一名音乐制作人，但他却没有采取任何方式去了解音乐产业。他没有做实习生，没有学习相关课程，或通过书本和网站搜索研究这个职业，也没有与行业专家面对面讨论过。

而另外一个可能花费了大量的精力决定上哪所大学，采取措施准备考试，但他没有注意研究这所大学是否有适合他职业理想的课程。他的父母也帮不上忙。此外，他们也没有机会提供任何资源，指导或让他探索自己的选择，确定自己的选择以及制订计划把梦想变成现实。

这个孩子可能会放弃他讨厌的课程，换两到三次专业，最终放弃，退学，搬回家里住。

一些孩子不管如何努力，却似乎总在原地踏步，不知道要去哪里。如果没有合理的选择和清晰的计划，再高的抱负也没有任何意义。如果我们作为父母帮助孩子为他们的未来制订计划，他们会看到通过制订人生规划，他们更有可能"创造生活"。

什么是人生规划？

人生规划是一个孩子目标、抱负、愿望以及需求的综合清单，由于它是实实在在的而不是抽象的，因此可以随着时间推移被评论、修改。它也包含了实现梦想需要采取的步骤。

你能想象在没有建筑设计方案的情况下，建造一座4500平方英尺的两层楼房吗？我们怎么会期待自己的孩子在没有蓝图的情况下，去打造能抵抗充满未知和逆境的人生呢？除非孩子有人生规划，否则梦想不过是白日梦，会随着时间变得模糊或被遗忘。此外，孩子在设计人生规划的过程中，也得到了思考自己的梦想以及整个人生的宝贵机会。

当你的孩子9~10岁的时候，鼓励他们去制订人生规划。必要时，不断地进行修改。这个规划要覆盖下列生活领域，在深度和范围上适合孩子的年龄和成熟度：职业和财务，健康和保健，心理健康和教育，家人和家庭，社会和文化，以及精神和道德。

在每一项中，让孩子列出自己的目标。每个目标都应该是具体的、可衡量的、现实的。并且应是在特定的目标时间内可以实现的，不管是精确的还是大概的。

鼓励孩子们根据他们的喜好（而不是你们的）对每项中的目标进行优先设置，然后帮助孩子列出实现每个目标的步骤。

一份简单的人生规划——小学

早在三年级，你的孩子就可以制订一份包含基本元素的人生规划。这里给出了一份小学生可能制订的规划。记住，没有必要完全按照这个规划做。

职业和财务

1. 长大后，我想成为一名兽医。我一直很喜欢动物，但我不确定自己是否可以只照顾猫和狗，或者农场动物，如马。

2. 我将和我家的兽医见面，问问他怎样才能成为一名兽医以及兽医到底是怎样的职业。我也会问问是否可以每天在他的办公室帮两个小时的忙，这样我才能了解兽医到底是怎样的职业。

3. 我也想过当一位动物园看守。今年夏天，我将报名参加我们这所城市动物园的"小动物园看守"夏令营，这样我可以更多地了解这个职业。

4. 现在，这份职业能挣多少钱对于我来说不是那么重要。

健康和保健

1. 从现在开始我要吃更加健康的课后零食，如奶酪和饼干、花生酱三明治或葡萄（不是紫色的那种，因为它们不好吃）。

2. 我将尝试每周吃一到两次甜点，过生日的时候例外。

3. 我将吃平衡的、对自己有益处的膳食。

4. 我将不再抱怨去医生那里打针的事情。

5. 我将尝试每周锻炼至少三次。今年夏天我将参加游泳队，希望这会对我有帮助。此外，我会问爸爸妈妈是否同意让我参加骑马课。

6. 我将每天洗澡，餐前洗手。

7. 我将每天刷牙并用牙线剔牙至少两次。

心理健康和教育

1. 吃完零食后，我将不再等待，而是直接写家庭作业。

2. 我将尽自己最大的努力，把作业写得工工整整，并进行检查。

3. 我将和莎拉及艾玛一起为测试复习。

4. 每次测试前，我将通过往好的方面想来调整自己的心态。

家人和家庭

1. 我将尝试与爸爸妈妈更多地讨论他们的生活。

2. 我将更多地和爸爸妈妈相处，而不是一直待在自己的房间里。

3. 我将在未经要求的情况下完成自己的家务。

4. 我将更多地帮助家里做家务。

5. 我将试着好好对待我的小弟弟，并每天照顾他一会儿，好让妈妈休息一下。

6. 我将保持自己房间的整洁，玩完后把玩具收起来，把脏衣服放入脏衣篮而不是扔在地上，并且每个星期天都用吸尘器清扫自己的房间。

7. 我将每周都给奶奶打电话。

社会与文化

1. 我将经常邀请朋友们来家里玩儿。

2. 我想尝试每两个月至少交一位新朋友。

3. 我将更多地聆听朋友们讲话。

4. 我将很有礼貌地和大人或小孩讲话，甚至包括新生儿埃弗雷特，他总是伸着舌头舔我。我将努力做的一件事情是，当我没有听懂别人说的话时，回答"对不起"而不是"哈？"当别人叫我的名字时，回答"哎"而不是"哈？"

5. 我将不再让汤米欺负我。我将拿出计划对付他,而不是任由他殴打我的肚子。

6. 我将拒绝做错误的事情,哪怕朋友们试图让我做。

7. 我将不再专横地对待劳伦。

精神和道德

1. 我将开始说更多的实话。

2. 我将加入我们教堂的青年组。

3. 当感到自己做的事情不对劲儿时,我将停下来思考。

4. 我将每个月给一个人写一封信,告诉他们有多么棒以及自己多么感激认识了他们。我将从我的老师开始。

5. 我将试着发现每个人的优点,即使他们对我很刻薄。

6. 我将试着每周做一次随机的好事。我将成立一个"爱心社",这样我可以和朋友一起做一些事。

一份简单的人生规划——初中

随着孩子渐渐长大,小学人生规划的基本框架保持不变,但内容会变得更复杂,覆盖的范围也会更广泛。当孩子进入初级中学后,在家长的指导下,他将制订一份更加全面的规划。到这时候,孩子可能已经拥有了足够的认知能力去运用更加复杂的组织、长远的规划以及分析抽象事务,如可能的教育和职业前景。下面是一份这个年龄段的孩子可能制订的规划:

职业和财务

1. 今年夏天我要在经纪公司找到一份实习工作,并完成它。

2. 采访一位股票经纪人,去了解自己怎样才能成为经纪人以及这个行业到底是怎样运作的。

3. 开始为购买一辆汽车攒钱。

健康和保健

1. 参加田径队。

2. 做调查，可能的话参加一个田径夏令营，提高自己的能力。

3. 每周至少跑步三次。

4. 食用平衡的膳食和健康的零食。

5. 限制自己看电视和玩电子游戏的时间，周一到周五每天一个小时，周末一或两个小时。

6. 每天洗澡。

7. 饭前洗手。

8. 每天刷牙并用牙线剔牙至少两次。

9. 每晚至少睡九个小时。

心理健康和教育

1. 努力让成绩单上全都是A和B。

2. 每次测试前参加数学和社会学辅导。

3. 每天阅读。

4. 按时交家庭作业。

5. 成立一个学习小组，在大考之前做好准备。

6. 与人建立一种"学习伙伴"的关系，当写作业遇到问题时，可以打电话求助。

7. 更好地区分自己需要为活动做些什么和需要为考试学习些什么。

8. 每天花一小时的时间去放松和思考。

9. 在日记中记录自己的感受。

10. 如果遇到问题，与爸爸妈妈谈谈。

家人和家庭

这一项几乎和小学的人生规划差不多，但在责任水平方面，规划变得更加细化和具体。

社会与文化

您的孩子可能将这部分扩展，将他的文化发展纳入其中，如看旅游频道、探索频道或公共电视，参观各种博物馆，探索各种音乐和文化，等等。他可能想要参加礼仪课程；或者加入或成立俱乐部，通过探索其他国家的风俗、饮食和特征开拓自己的文化视野。

精神和道德

在本部分，您的孩子应该在您的帮助下列出对他最重要的价值观和原则，并制定措施帮助自己遵守它们，即使是在有挑战的环境下。这将成为他的个人道德规范。

您的孩子也可添加一份"社区服务"规划，写下自己每周和每年想要参加的服务项目。为帮助他指导自己的选择，鼓励他写下让自己情绪高涨以及可以帮助自己的不同原因，如果他需要，做必要的研究找到与这些原因相匹配的服务机会。

一份简单的人生规划——高中

在高中时，人生规划应该包括复杂的、注重细节的、具体的，以及更加成人化的目标和责任。这些目标应划分为短期（一年）、中期（两到五年）和长期（五到十年）。人生规划可覆盖下列项目：

- 可能的话，调查并申请大学入学考试准备课程。
- 每周进行大学入学考试测试练习。

- 安排并完成莱斯大学的职业测评（高三）。
- 缩小自己的职业/专业方向。
- 与高中职业顾问谈话（携带自己的职业测评结果）。
- 让雇主、老师以及顾问为自己写推荐信。
- 选择十所有自己感兴趣的专业的大学，研究它们的课程清单、教授的资质、课外活动、经济资助、工作机会，等等。
- 参加3月5日的大学之夜。
- 参加4月2日的大学入学考试1。
- 参加9月3日的大学入学考试2。
- 寒假时参观自己列出的三所最好的大学。
- 与比自己年长一岁的朋友讨论在大学的经历。
- 研究奖学金和学生贷款的机会，并申请符合自己要求和有资格申请的项目。
- 申请救生员的夏季工作。
- 完成KLTH电台的实习工作并拿到推荐信。
- 制作简历并请妈妈帮助检查拼写。
- 调查大学的住房。
- 完成并邮寄大学申请表。
- 书写并润色大学申请论文。
- 为第一学期的宿舍装备——床单、烤箱、小冰箱等——攒500美元。
- 重新以较低的利息申请汽车贷款，并在大学入学前调整好。
- 完成社区服务要求。
- 在大学第一年的第二学期找到兼职工作。
- 参加8月12日的大学排球选拔赛（开始上课前10天）。
- 发出毕业典礼的请帖。

- 调查大学周边区域的服务机会。
- 记录同学的新电子邮件地址、常用地址以及电话号码。

人生规划不要太教条。和孩子一起定期检查并帮助他们做出相应的修改，庆贺他的成就，继续为他们日益独立的人生添砖加瓦。

更多指导孩子迈向成人的方式

下面列举了其他一些帮助你指导孩子向成人过渡的方式：

- 当你的孩子年龄大到可以理解你的话时，利用每个机会表达自己相信他可以实现自己的梦想。孩子们必须知道我们相信他们。在我大约6岁的时候，我母亲抓住我的肩膀，对着我说："埃莉莎，你将来会有远大的前程。"尽管我还有很长的路要走，但这句话却激励着我审视自己去找到我可以做什么，以及如何把它转化为个人的成功。

- 为获得实现自己目标所需要的自信，孩子们应该了解自己之所以特殊的品质。当你晚上帮孩子盖被子的时候，养成列举一些你在孩子身上观察到的独特、正面的品质特征的习惯，并让孩子知道你觉得多么幸运，因为在生命中拥有这么特殊的一个人。在其他时候，让孩子告诉你，他觉得自己有什么样的优点。

- 鼓励孩子们（任何年龄）探索自己的才能、优点和兴趣，带孩子去书店和图书馆，他们可以找到更多的信息。让孩子参加有助于学习的活动，他们就能开始发展与自己兴趣相关的能力。

- 寻找早期才华发现项目，这样早在学前班，你的孩子就能接受对他们有挑战的教育。

- 如上面所述，借助家庭或社区导师帮助自己的孩子辨别和发展自己的才华。

- 随着孩子逐渐长大，让他们制订三个清单：一个列出自己的优点和才华，一个列出自己的兴趣（职业或其他），一个列出自己生活中的优先项目。

- 帮助孩子了解自己的性格类型、学习类型以及各种才能。公立大学和社区大学都提供这些方面的免费或低费用的测试。在线测试，应用广泛的迈尔斯-布里格斯性格分类指标（Myers-Briggs Type Indicator）的网址是www.personalitypage.com。在很多社区大学也采用这种方式测试，只是象征性收费。这个测试能确定一个人性格中的四个变量。第一个是外向和内向变量。第二个是"感觉"（通过具体或文字层面获得信息）和"直觉"（从收集到的信息中生成抽象的可能性）变量。第三个是"思考"（采用逻辑和推理能力做出决定）和"情感"（根据对的感觉做出决定）变量。最后一个是"判断"和"理解"变量。性格为判断的人们有时候坚持他们的房间要干净、整洁和有规矩。他们也喜欢终止，这就意味着事情完成后他们感觉最好。而理解阵营的人们则希望自己的房间有弹性、是开放式的，而且处于自然的状态。上述四组变量有十六种组合方式，每一种都可以深入观察一个人的性格特征。公司和某些武装部队依靠这种测试将每个人按性格安放在最合适的位置。让你的孩子在中学就进行测试是一个很棒的办法。这可以帮他们去了解自己天生的性格优势，以及如何尽量发掘自己的性格优势，对自己的性格劣势保持警惕，以及了解自己为什么和一些人相处得好而与另外一些相处不好。很多学校、教育诊断专家、网站以及其他资源可以帮助确定你的孩子是否能凭借视力（视觉学习者）、听力（听觉学习者）、运动（动觉学习者），或者上述三种的结合（多感官学习者）更好地学习。了解到你的孩子怎样学习最好之后，不仅可以让他们的学习变得更有效率，而且也为他们弄清楚自己最适合什么样的职业提供了一条线索。一旦孩子对自己的职业或人生规划有了主意,能力测试有时可以确认他们的选择或提示他们未曾考虑过的事情。我建议孩子在高中一年级就进行职业能力测试。很多大学和社区大学以合理的价格提供这项服务。

● 建议你的孩子所就读的初中和高中把人生规划纳入课程中。实际上,我鼓励所有的家长都倡导把人生规划和向成人过渡作为毕业的要求。把你的高中毕业生扔到一个没有明确的目标、没有详细的人生规划,或对自己的未来没有明确概念的世界,就如同把你上幼儿园的孩子扔到门外,告诉他去购买一家人的杂货。即使孩子侥幸到商店买了东西并且回到了家,他带回来的也很可能是满满一篮子的士力架巧克力棒。

● 当孩子进入高中,鼓励他们寻找实习或成为志愿者的机会,帮助他们探索自己的职业规划。鼓励孩子的学校与当地企业和组织建立工作和实习项目。

● 帮助十几岁的孩子规划自己的未来,鼓励他们为某种目的存钱,教他们如何找到暑期工作。

● 监督和指导孩子申请大学,采用开放式问题和反馈的方式激励他们问自己:

"我要和谁谈谈才能确定这个学校是不是适合我呢?"

"和这个行业中的哪个人谈谈,我才能确定自己是否想选择这个职业呢?"

"哪种实习可以帮我了解这个职业呢?"

"其他哪种方式能让我获得更多的经验呢?"

"这所大学是否有我需要和喜欢的课程呢?"

"入学要求都有哪些呢?"

"住宿方面都有哪些选择呢?"

"它可以提供什么样的奖学金、贷款或其他经济资助呢?"

"如何接近那些教授呢?"

"有校园指导计划吗?"

"它与我想开始职业生涯的行业有联盟吗?这些联盟是否有工作安置、导师关系、工作项目或其他资源?"

"这个职业的教育过程要多长时间?我自己真的愿意接受吗?"

"如何把我的兴趣和才华运用到这份职业中?"

"想成功地实现自己的职业规划目标,我还需要做些什么?"

更多的问题自然而然地就出现在脑海中了,但重要的是坚持处于指导孩子、监督这个过程的立场,而不是转变为孩子的经理,接管一切。你的工作是确定孩子做出知情选择,而不是替他们做出选择。

● 安排孩子参观学校,陪伴孩子,确定他们掌握了自己做知情选择需要的一切信息。

● 和孩子一起访问www.collegeboard.com,你们可以一起了解大学入学程序。这个网站为要上大学的孩子提供了一位个人在线组织者,专为复杂而繁重的入学程序定制。它也提供帮助,让孩子们在各种各样的职业中探索和选择。

当你帮助你的孩子为在成人世界成功地生活做准备时,他的精神从来不会因为现实的重击而处于崩溃的危险之中。意外越少,不确定因素就越少——这些让孩子由童年向成年的过渡顺利而圆满。同时,没有了这些不确定制造的障碍,你的孩子才会过上独立自主的生活。

帮助孩子们找到为他们的世界做贡献的方式

对于孩子们，没有比受到重视还重要的事情了。不幸的是，很多时候他们并没有受到重视。为什么？因为他们很少有机会在社会上发挥有意义、有贡献的作用。但他们真的喜欢贡献、提供帮助、成为对社会重要并且必不可少的一员。一旦有机会，他们的自信心就会高涨，他们会获得更多的能力，他们会以更积极的眼光看待其他人和生活，他们会对别人展示更多的同情心和好感，他们会建立强大的自我意识，他们会培养自重，并且他们会感到——以及确实——获得了权利。受到重视可能是培养独立自主孩子的最重要的因素了——毕竟，如果独立自主的人都没有受到重视，那么还有谁会呢？

正如我在第8章和第10章讨论的，你可以创造机会让孩子去做贡献，作为家庭或作为个人，在家里或在外面。此外，鼓励孩子在更大、更广泛的范围内做贡献，尤其是当孩子长大点儿了后。这里列举了一些可能：

- 鼓励孩子自己制作礼物而不是购买，哪怕是小一点儿的孩子。
- 大一点儿的孩子可以参加服务机构，如：

■ 美国青年服务组织（Youth Service America, www.ysa.org）是一个拥有超过300家机构的资源中心和超级联盟，致力于为年轻人增加服务机会的数量和质量。这个组织是一个寻找项目建议或参加已存在项目的非常棒的途径。想更多地了解每年4月份举办的全国青少年服务日，请登录该网站查询。

■ 美国志愿队（Americorps, www.americorps）是一个全国服务项目的网络，每年有超过50000名美国人参与到教育、公共安全、健康和环境等领域需要的密集服务中来。美国志愿队的成员们为超过2100个非营利性公共机构和基于信仰的组织提供服务。他们辅导和指导年轻人，建造负担得起的住房，教授计算机技能，清扫公园和小溪，举办课后活动以及帮助社区进行灾难响应。

- 国际仁人家园（Habitat for Humanity, www.habitat.org）是一个非盈利、与宗教派别无关的基督教组织，提供大量的体力服务机会。在全美国甚至全球，志愿者帮忙建造体面而负担得起的住房。

- 学生反对破坏性决定（Students Against Destructive Decisions, www.saddonline.com）用他们自己的话来说，是一个"学生帮助学生在日常生活中面对挑战时做出积极决定"的组织。这是一个由同龄人领导的组织，致力于阻止破坏性的决定，如未成年饮酒、药物滥用、青少年忧郁症以及自杀。你的孩子可以加入已有的环节或开启一个新的篇章。

- 拯救地球的小孩（Kids for Saving the Earth, www.kidsforsavingearth.org）是由一位11岁的癌症患者创建的，他现在已经去世了。网站内容是关心我们对地球做了什么，致力于激励、告知以及授权给孩子去保护我们环境的未来，为六个年龄段的人提供信息和活动，其中包括三个成人年龄段。

- 青年行动项目（Youth Activism Project, www.youthactivismproject.com）是一个为年轻人发言和提供机会，在令自己热血沸腾的领域发挥作用的组织。孩子们可以登录"青年行动线"获取帮助，选择一个领域，加入已有的服务机构或建立自己的机构，找到方式公开自己的努力，弄清楚如何找到社区领导帮助他们进一步拓展自己的领域。它也提供了成功的窍门以及孩子可以咨询的机构清单，以便帮孩子获得提升自己的机会。这个网站是一个全国性的信息收集中心，可以帮助家长、老师、导师、校长、政策制定者以及其他成人联盟并提供信息。

- 基于教堂或教堂赞助的组织。

- 孩子们可以帮忙组织邻里聚会，包括服务相关的聚会。我们街上的七家人有参加年度服务的传统。有一个春天，我们都投入时间、汗水和（有争议的）诀窍为国际仁人家园的一家人建造房屋。每个孩子都被分配了适合他们年龄的工作。即使小小的项目也会为你的孩子带来正面的影响。比如，你可以鼓励孩子捡起人行道上的垃圾而不是直接走过。如果孩子反对，理由是这又不是他造成的，你可以做出类似的回应："我知道不是你做的，但我们的邻里就是我们的责任，并且你的帮忙对于营造良好的居住环境非常重要。"另外的例子有组织捐书活动，你的孩子们可以和邻居一起为社区图书馆捐赠图书，一起打扫社区公园，收集旧玩具和衣物捐赠给避难所的妇女儿童或者其他慈善机构，等等。

- 鼓励你的孩子们给老师、警官、消防员、邻居、朋友以及他们生活中其他重要的人写匿名感谢信。这可以帮助孩子们感受无条件的、真正的善良，不仅对别人好，对自己也好。

- 和孩子一起，为生病的邻居铲除车道上的积雪，送食物，帮他们送报纸和邮件，照顾他们的宠物，做一些清洁工作，等等。

- 鼓励自己的孩子根据自己的优点和兴趣参加服务活动。

- 通过开放式对话，帮助孩子们探索贡献的性质、后果以及好处。

- 采用开放式问题去帮助孩子们了解赢得群体团队认可时，贡献比顺应更健康，以及赢得某样东西永远要比通过夺取或恳求而获得更可取。

- 帮助孩子参加全国青少年服务日，每年四月的第三个星期二，美国青年服务组织会庆祝并组织全国的年轻人投入上百万个小时进行服务。

- 帮助孩子们规划"让明天变得更好日"的活动，致力于邻居帮助邻居行动。它是由《美国周末》杂志和光明基金会（Points of Light Foundation）创建的，时间是每年十月的第四个星期六。

- 鼓励你的孩子们帮助比自己小的兄弟姐妹，然后指出他们的善良对双方都有强大、正面的影响。

- 创建一个传统，家庭成员每天有习惯性的善举，并在晚饭时进行讨论。
- 挑战自己的孩子，让他们把自己的压抑放在一旁而去安慰有需要的人。
- 和你的邻居一起给彼此的孩子灌输工作或服务道德。为彼此的孩子提供小小的工作机会。当我们家出去度假时，两个邻居的孩子会给我的三只狗喂食和洗澡。他们非常愿意帮忙，因为他们特别喜欢狗，并且为能真正地帮一位成年人完成对他们来说很重要的事而感到骄傲！对非服务相关的事情也一样。所有的孩子必须了解使用自己的汗水、真诚和体力挣钱是怎么回事儿。你将对孩子们自己发明的创造性创业计划大吃一惊。我9岁的儿子为邻居们提供了一种覆膜和复印服务。不幸的是，覆膜纸和彩色墨的费用比他收取的服务费还要高，但如果没有灌输给他健康的通过工作做出贡献的思想，那代价可能会更大。
- 鼓励孩子的学校举办活动，帮助他们认识自己成为重要贡献者的潜力。可以问问每位学生希望社区做出什么改变。下一步就是制订计划并执行，以做出改变。

我可以用下面的三句话简要概括：只需要我们的爱、我们的指导以及我们的鼓励去帮助孩子们在贡献和服务中开拓自己的领域。所有独立自主的人都能让这个世界变得比过去更美好。我们的孩子可以胜任这项高尚的任务。

第11章
家庭之外：社会如何参与

大家一起努力可以解决任何问题，而依靠自己只能解决很少的问题。

——林登·贝恩斯·约翰逊（Lyndon Baines Johnson）

作为孩子们的家长，我们首先要负责把他们抚养成为自信、独立、有道德，以及可以为社会做出贡献的成年人。但我们可以寻找帮助、建立联盟，以及借助可以为孩子们提供更好机会的其他资源。

通过努力在自家白色篱笆内寻找帮助，我们号召其他人为这个世界带来全新的独立自主形式。如果我们将自己的掌控局限在孩子身上，将不能为自己或孩子们带来任何好处，因为不管他们有多么的独立，终究会受到不能独立的孩子的不利影响。家长要尽自己所能，团结更多的社区，来巩固我们为培养独立自主的孩子付出的努力。

与学校合作

很多教育者都有辨认和激发每个孩子身上好品质的天赋。然而，某些人却没有这样的天赋。尽管如此，我们需要和孩子的老师们建立一种积极而不是有争议的联系，成立团队倡导致力于为世界培养独立自主的人。下列建议中的一些可能已经被学校采纳了，而另外一些可能还需要时间去执行。毕竟，现在的老师们都被各种挑战性的要求淹没了。你的任务就是在知悉老师们面临的压力的情况下，委婉地、富有同情心地播下种子；采用具体、可行的步骤把这些建议当作实施方案呈现出来；通过执行和坚持你的意见，减轻老师们身上的一些负担。

这里给出了一些方法，你可以和学校合作，鼓励每个年级的孩子们独立自主：

• 与学校人员建立和谐的关系：老师、管理人员以及普通员工。在尊重和理解的前提下，建设性地处理不同意见。发展健康关系的一种方式是在时间允许的情况下，做学校活动的活跃参与者。尽管这对于工作中的家长而言很难，但是偶尔或者定期在教室做志愿者为你提供了宝贵的机会，让你了解孩子的社交和学习能力、他和同龄人相处得如何，以及校园当前流行的外界压力和影响。了解越多的信息，你就越能很好地指导你的孩子。

• 了解老师们面临的挑战，如低工资，工作时间长，逐渐消失的自主性，预算缩减，来自学生家长和管理者的要求，以及州和联邦对测试、课程内容、特殊要求和多元化宽容的规范。他们需要言语的鼓励和崇敬。

• 参加你感兴趣的委员会，参加家长教师协会，为孩子阅读，或者仅仅为他们复印或整理书架。不管大小，任何贡献都能营造出一个共同体。

• 鼓励孩子的学校与社区组织建立伙伴关系，为孩子提供各种途径去做志愿服务、掌握服务技巧以及与其他大人建立导师关系。

• 请求孩子的学校鼓励社区服务，如果他们还没有这项规定的话。

• 与学校的课程发展团队对话，问是否可以把自主能力和性格建设技能添加到综合课程中。比如，学生们可以阅读与这些话题相关的文献，然后以此为起点发展自己在分析写作、批判性思考、语法等方面的能力。这种类型文献的一个典型代表是威廉·克伯屈、格里高利及苏珊娜·M.沃尔夫所著的《培养性格的图书：指导您通过故事教给孩子道德价值》。

• 鼓励学校在董事会或其他决策制定委员会为学生们树立领导形象——不是官方的过渡人物。

• 学校应鼓励学习和运动以外的其他活动。作为家长，为学校提供建议庆祝社区贡献和表扬先进者。正如历史所展示的那样，有时候成绩最差的人可能对社会的贡献反而最大。

• 鼓励学校训练大一点的学生去指导、帮助小一点的学生，跟他们做朋友。他们可以轮流在餐厅和操场上担任冲突调解员，帮助小孩子们获得技巧。

• 如果必要，游说学校采取培养学生独立自主的方式：采取有帮助的表扬形式，解救行为，寻求认可能否培养独立自主，培养强大但现实的自我意识，培养解决问题和思考的能力，等等。向学校图书馆捐赠一两册书，或不选择常规的节日礼物，如镇尺或蜡烛，而是赠送一本书给孩子的老师。

• 帮助学校在孩子们中间培养合作技巧，鼓励他们采取合作学习模式，学生们可以组成团队完成各种项目。典型的教室可以采用这种模式——将四位学生的课桌面对面排列，而不是我们大多数人小时候采用的一排排课桌，集体面向前面的模式。

• 倡导为学生提供辨认自己优点和才华的课程，并学会运用它们。

• 抵制住帮助孩子摆脱在学校承受的后果的冲动。即使这种后果看起来不公平，孩子们通常可以自己解决。此外，这也给孩子提供了良好的机会，去经历真实的世界中的不公平。然而，如果这个不公平的结果有可能毁坏孩子的能力，并且孩子依靠自己解决不了，如果不干预的话会对孩子或他人造成不可接受、不可逆转的伤害，就要果断介入。但要建设性而冷静地处理，而不是像小熊受到威胁时的母熊一样冲进校园。

● 鼓励学校给孩子提供为班级做贡献的机会，如整理教室或帮助老师复印试卷、分类、剪切、补充物资、将备忘录拿到主办公室，等等。

这并不是一份完整的清单。每个学校在方法和态度上都有所不同，而作为家长，我们要运用自己创意方面的天赋去开阔思路。把我们的想法、才华、热情、对孩子的爱与其他有着同样想法的人相结合，一起努力建设强大有效的学校—家长伙伴关系，把孩子们的内在独立性激发出来。

与社区合作

与各式各样的社区结成联盟可以获得大量的资源、支持和机会，进一步培养孩子的独立自主。如果你已经拥有这样的同盟并且已经和商业或政治领导建立了良好的关系，相对于其他人，你就有能力在较短时间内做出较大的改变。虽然那些没有得天独厚关系的家长也可以帮忙与社区建立培养关系，但本章的最后所提供的资源是针对这些拥有10位员工的家长，包括行政助理、秘书、管家和仆人，以及那些已经与影响世界的人物建立了联系的家长。

下面是一些对建立伙伴关系并将其投入建设性应用的建议：

● 参加城镇政治，帮助创建对孩子有意义的角色。例如，你可以在市政会议上发表意见支持对等的导师计划，参加社区服务日，与地方企业达成实习计划，等等。评估自己社区的特殊需求，制订具体的计划，获得朋友和邻居们的支持，然后一起在市政会议上呈现你的计划。你也可以在其他方面利用自己的参与。例如，鼓励社区领导创造机会让年轻人在政策制订和其他社区相关的决策上发表意见。比如可以邀请青少年参与一些社区委员会的会议，还可以邀请小一点儿的孩子作为观众，观察会议的程序。

- 通过你与他人的对话或你在社区委员会、理事会以及其他社区领导组的发言称赞年轻人对社区的贡献，改变对年轻人的成见。当你在社区看到孩子们表现出良好的公民义务、责任、性格以及贡献，让他们亲身了解大家是多么感激他们。

- 参加社区活动，了解社区的最新情况并把自己作为这个有凝聚力网络的重要成员，例如募捐长跑、乡村集市、公园音乐会、独立日自行车游行、社区野餐等。

- 鼓励孩子参与社区活动，这样就能领会他们独立自主的潜力，他们也会觉得自己是社区一员。为17岁或18岁以下的孩子提供帮助，使他们的参与从梦想变为现实。例如，你可能需要给各种机构打电话研究青少年参与的机会并安排时间让孩子去做志愿服务。

- 帮助社区内的特殊活动寻找赞助伙伴，如职业日、青年服务日等。你可以参与现有的活动，或者如果你有这样的才能和热情，组织新的活动吧。

- 参与或协助社区赞助的青年支持团体，帮助孩子提高独立自主的能力，如抵抗同龄压力、社交能力、解决冲突能力、规划人生的能力、向成年人过渡、申请大学及应对由此而来的压力等。一些社区可能已经拥有了这样的团体，如基督教青年会（YMCA）、男孩女孩俱乐部、大姐姐/大哥哥或当地教堂的青年牧师。这些团体都热切盼望有成年志愿者参与。特别有抱负或有优越社会关系的家长可以自己组织新的支持团体。

● 如果你想在社区组织自己的青年支持团体，可以向青年行动项目求助，见第10章。这个项目的创立人温迪·莱斯科（Wendy Lesko），也是一位全国有名的专家，她著有一本非常宝贵的书，名为《最大化青年参与：社区活动的完整行动方案》（Maximum Youth Involvement: The Complete Gameplan for Community Action）。在书中，她回答了100个问题，覆盖了各种挑战和情况。她还对各种模式进行了比较，方便人们弄明白让哪种程度的青年参与更有意义，并且还确定了基本的组织支持。此外，她按部就班地提出发展能力的活动和策略，帮助成年人以及年轻人适应新的角色。40页的附件对于员工的内部培训、成年调解员、社区联盟，以及青年会议和峰会都是一笔很大的财富。可复制的清单和传单将会为你节省数小时的准备时间。为了让你了解这本手册如何帮助你在社区组织一个青年支持团体，这里列举了一些它可以回答的问题：

青少年希望如何被介绍到某个组织或联盟？
什么样的组织承诺和资金是必要的？
需要考虑怎样的人员配置？
什么样的结构需要被评估？
开始时应该制订什么样的招募策略？
我们如何与学校联系？
社区的关卡都有哪些？
什么样的策略降低了青少年的流动率？
什么样的活动有助于弥补代沟？

我们应如何确保必要的资金？

面向青少年的宣传策略都有哪些？

● 如果这些全国组织还没有出现在你的社区，那请创立一个当地的分支。主办机构会非常高兴地提供每一步的指导。

● 如果你自己的企业需要雇人或者你负责招聘，尽量雇佣年轻人并指导他们掌握工作技巧。你也可以提供机会让员工的孩子或当地的孩子实习一周，观察、学习并在工作上帮助你。与孩子的学校讨论，在别的家庭和你的企业间建立良好的推荐网络。

● 通过捐款、做志愿者或参与他们的活动支持青年发展项目，如第10章中提到的项目。

● 参加为社区的成年人提供的指导项目，以获得指导和指引青少年的机会。一些社区拥有导师—青年计划，为在养老院或陪助型老年公寓的老年人及附近的孩子们建立联系。

● 如果你很幸运的与企业主或社区领导有着良好的关系，你可以：

■ 邀请自己商业网络中的人为青少年创立或赞助导师伙伴关系、实习机会、课后青少年计划以及学校的工作项目。举个例子，你可以安排公司的CEO出席一个项目，而员工则作为来自学校或社区团体（如男童子军、女童子军、当地基督教青年会等）的青少年的导师。确定从公共关系上以及作为社区的一部分上强调对公司的好处，社区的青少年将成长为负责任的公民并为每个人树立好的榜样。联合其他愿意帮助你组织、宣传并实施计划的员工。其他依靠企业——社区联系的项目包括联合服务项目（如公司赞助的"沙滩清洁日"）；与当地高中合作的暑假实习计划和课后工作计划；集合时或课后公司主办的讨论会，话题涉及抵抗同龄压力、调节冲突、交流技巧、申请工作、就业培训，等等。

- 鼓励社区企业改变招聘方式，优先选择参加实习项目的孩子以及修完人生规划和人生过渡课程的孩子，或对社区服务很投入的孩子。
- 鼓励你公司的决策者为青少年赋权做贡献的员工设立激励项目。比如，在社区中心、教堂或学校开展员工—青年导师计划很容易。可以邀请员工教授职业规划、金融素养、工作道德、面试技巧、简历开发、评估员工利益选择、成功的员工—管理关系、与客户相处的技巧、领导技巧、团队合作等方面的课程。如果在当地大学工作或与当地大学有联系，可以帮助孩子们组织外展项目，举办研讨班、研讨会或夏令营，培养孩子们迈向成年需要的各种能力：领导能力、交流能力、工作面试技巧、自信、解决冲突的能力等等。你可以帮助在校大学生和附近社区的孩子们之间建立导师关系。

当我们成功地建立了正面而有建设性的社区伙伴关系，致力于发挥每个孩子最好的性格后，成见将会消失，而障碍也将会被打破。培养独立自主的孩子所带来的好处不仅仅局限于我们的孩子和家庭，也为社区培养了我们尊重的孩子——长大后，这些孩子会更上一层楼。

与媒体和其他外界影响合作

使人分心且经常是有害的媒体信息对孩子们刚刚打造好的信心进行着猛烈的打击，如同冰雹砸在锡质屋顶上一样。孩子们在他们迈向独立的路上最终会掌握有意识、有识别力地过滤这些信息的能力。但在这之前，不管我们如何在暴风雨中保护他们，他们仍然容易受到有害信息的攻击。

幸运的是，在他们的旅途中有很多方式可以提供安全的港湾，这样孩子们就能继续专注于巩固和学习利用自己的内在罗盘，从而不受诱惑的干扰导致误入歧途。作为个人，我们根本不可能开辟道路到《诱惑》杂志、宝洁公司或哥伦比亚广播公司的总部，去要求他们以公平公正的方式传播信息，不能被贪婪污染或触及底线。但我们可以在当地支持那些致力于让我们的声音不仅能被听到，还能发挥作用的组织。这样的组织可以帮助我们把人们号召起来，作为集体，我们会通知媒体行业采取对社会负责的方式传播信息。下面是一些建议：

● 支持和参与社区或学校活动，帮助孩子们发展抵抗能力。

● 教育自己。在你成为一名倡导媒体负责的有效活动家之前，你必须先了解媒体是如何影响孩子的，以及有什么样的资源可以利用。这里列出了一些资源：

■ 媒体频道（Media Channel, www.mediachannel.org）联合了数百家附属机构和网站参与到全球媒体关注中来。他们的铭言是："媒体关注世界，而我们关注媒体。"

■ 媒体范围（Media Scope, www.mediascope.org）提供媒体影响的摘要和报告。

■ 媒体教育中心（Center for Media Education, www.cme.org）为"迅速进化的数字媒体时代对孩子和青年的潜在影响以及危险"生成研究和信息材料。

■ 向后转（About Face, www.about-face.org）专注于对妇女和女孩在身体、精神和情感幸福方面的影响。

■ 对负责媒体感兴趣的家庭（Families Interested In Responsible Media, www.commonsensemedia.org）提供大量的数据、文章和建议。

■ 媒体和公共事务中心（The Center for Media and Public Affairs, www.cmpa.com）是一个无党派研究机构，监督媒体报道的趋势和事务。

- 美国儿科学会的网站（the American Academy of Pediatrics, www.aap.Org/advocacy/mediamatters.htm）在国会上提交媒体对青年影响的证据记录以及报告和其他媒体相关的问题。

- 其他知名的媒体和儿童政策专家，包括儿童的伙伴（Children's Partnership, www.childrenpartnership.org）、现在为儿童（Children Now, www.childrennow.org）、加州大学洛杉矶分校通讯政策中心（UCLA Center for Communication Policy, www.ccp.ucla.edu）、凯撒基金会（Kaiser Foundation, www.kff.org），以及媒体教育中心（the Center for Media Education, www.media-awareness.ca），都值得考虑。

- 有一本精彩的书，名为《第三位家长》，作者是吉姆·斯泰尔（Jim Steyer），这本书全面地评价了媒体对儿童的影响。

● 联合抵制传递不健康信息的媒体和产品。如果你认为露华浓公司承诺没有皱纹的信息不靠谱，那就不要购买他们的产品。下面列出了一些和你同一立场的组织：

- 美国合作社（Co-op American, www.coopamerican.org）能通过其《联合抵制新闻》提供大量的帮助，关于数百家公司的媒体在人权和等级之类问题上的影响，等等。

- 广告克星（Adbusters, www.adbusters.org）不仅提供了一份刊登涉及此类话题的报道性文章的杂志，还设立了一个版面称为"行动建议"，并在如何让自己的声音被听到这方面提供建议，开办了一个网上商店，你可以购买海报张贴在城镇、学校或办公室。你必须亲眼看看，因为印刷品很难用语言描述。不必多言，它们热闹而强大的信息足可以有效地表达我们对负责任媒体的集体要求。

■ 广告警示协会（Commercial Alert, www.commercialalert.org）提供适度的电子邮件清单，帮助家庭、家长、孩子和社区抵抗有害、不道德、侵犯性广告、营销以及广告的过度使用。

● 通过订阅和捐款给有创意、没有偏见、没有暴力、多样化的媒体公司，以及鼓励积极的观众参与和批判性思考的媒体，支持负责任的节目。

● 如果能与你公司中做营销和广告决策的人联系，要选择对社会负责的媒体。鲍勃·韦林是刚从宝洁公司退休的首席营销官，与他的同事，强生公司的副总裁安德烈·奥斯卓普一起成立了家庭友好节目论坛。在论坛中，他们鼓励美国的顶级广告人只赞助家长和孩子可以一起观看的电视节目。签约的公司包括可口可乐、联邦快递、美国电话电报公司、百事可乐、麦当劳以及纳贝斯克锦标赛。仅仅这些公司，每年花费在电视广告上的费用就高达110亿美元。换句话说，如果广告人采取主动，鼓励媒体产业做得更好，不良信息对孩子们的轰炸将会大大地降低。对于媒体集团，没有比资产负债表上的现金流失更有资格发言的了。

● 撰写并提交电影评论，为其他家长作参考，以便他们为自己的孩子做出明智的选择。以下是一个提供信息的渠道（Parents Reviewing the Media, www.media-awareness.ca/eng/review.htm）。

● 请愿，请愿，请愿！请愿的权利是我们作为个体拥有的一种资源，可以用来让我们的意见被听到。你可以在已有的请愿书上签字，或通过网站www.PetitionOnline.com组织请愿。比如，你可以向某个公司请愿，请他们收回在传递不良信息的媒体的广告业务。印刷、电视和电台媒体必须依法献出一定的时间曝光、传播公益信息。因此为什么他们不能通过倡导媒体素养节目、媒体意识运动等来履行这项义务呢？此外，你还可以向国会请愿增加对负责人节目的资助。比如，可以把优惠基金提供给没有接受企业资助的媒体，这样他们可以继续以对社会负责任的方式开发和播放节目或传播信息。资助媒体巨头如东京广播公司或哥伦比亚广播公司可以让他们不依靠公司的赞助制作负责任的节目，这些公司的广告往往是误导性的或只愿意赞助向孩子传递不良信息的轰动性节目。最后，你可以向媒体巨头请愿，请他们拿出一部分盈利创建和支持互联网上的教育类信息。

● 与当地学校或教堂结成媒体—家长倡导组，共同努力让媒体改变，鼓励孩子们负责、创造性以及有选择性地思考。

● 研究并向孩子的学校或校董事会推荐各种有关媒体素养的课程，并鼓励他们尽早把媒体素养添加到课程当中。学生在二年级或三年级的时候，就已经被不良信息淹没了。媒体素养项目可以帮助学生培养使用、分析、评价和处理他们接收到的信息的能力。要获得成功，应完成下列目标：

1. 学生应学会负责任、有辨别能力地使用电视、音乐以及其他媒体。
2. 学生应学会运用批判性思考能力去分析媒体信息及其形象。
3. 学生应学会区分有宣传效果的信息和不带宣传效果的信息。

如果现在看起来难以应对或浪费时间，可以支持致力于开发和区分媒体素养课程的组织。下面是一些值得引起你注意的资源：

■ 媒体观察网络（Media Awareness Network, www.education-media.ca）是一个组织，媒体教育和互联网素养资源最前面的首页之一。

■ 试想基金会（Just Think Foundation, www.justthink.org）是一个致力于教给年轻人如何理解今天的媒体言语和图片以及为自己思考的组织。在

1998年，他们出版了自己的媒体素养课程——《通过媒体教育改变世界》。后来，他们为四年级到十二年级的学生推出了一门10周的课程，名为《启发思想》，包括一本漫画形式的书，教室资料的只读光盘以及给教育者和家长的手册。它也为青少年提供外展项目、课程和人员开发项目。

■ 加拿大媒体观察网络（Media Awareness Network, www.media-awareness.ca/eng/default.htm）是一个加拿大网站，为家庭、学校和社区提供媒体教育的实践支持。在为新兴的互联网相关问题提供教育方式方面是世界的领跑者，致力于最大化所有媒体的正面影响及对青年的益处。

■ 媒体频道（Media Channel, www.mediachannel.org）是一个非营利性的公益"超级网站"，致力于各式各样的媒体问题，包括打压媒体集团的信息。它提供课程计划链接，著名媒体素养学者和活动家的文章，以及类似问题，如媒体暴力的辩论。它也为K-12老师设立了一个新的教育中心，包括教课单元、课程计划、手册以及其他来自全世界的老师和媒体专家的工具。

■ 美国媒体素养联盟（Alliance for a Media Literate America, www.amlainfo.org）由国家媒体教育会议于2001年创建，致力于提高全国性合作及"以比任何个人、项目或机构单独操作都更强大和更有影响的方式倡导媒体素养"。它的网站强调"批判探索"和"能力培养"而不是"抨击和指责媒体"。它也拥有一项转介服务，将媒体素养专家与学校和社区联系起来。

■ 早在1983年，国家电视媒体委员会（National Telemedia Council, www.nationaltelemediacouncil.org）就开始与老师合作，把媒体素养带入教室。在1995年，它举办了第一届全国媒体教育会议。

■ 媒体素养中心（Center for Media Literacy, www.medialit.org）提供其他媒体素养的链接。对家长和教育者来讲，它是一个在线资源目录，对教育者和活动家来讲又是一个研讨班和研讨会。特别是"作业：媒体素养"，这是他们的综合性的新课程资源，为的是加强媒体素养和交流能力设计。这个组织也为老师、社区领导、育儿组织以及教堂或犹太教堂开发了12种"媒体素养工具箱"。工具箱中为老师们准备了讲义、视频、课程与活动规划，以及手册和背景资料。

■ 媒体教育基金会（Media Education Foundation, www.mediaed.org）于1981年创建，创始人苏特·杰哈利是马萨诸塞大学的通讯学教授。这个组织"在当前企业媒体和跨国并购越来越主导通讯领域的情况下，致力于支持媒体素养"。现在已经制作和发行了40多个教育视频，大部分都附带着学习指导。

■ 公民媒介素养（Citizens for Media Literacy, http://main.nc.us/cml）"倡导把媒体素养作为培养公民参与的工具，会积极地质疑企业权力和消费者文化"。

■ 媒体素养评论（Media Literacy Review, http://interact.uoregon.edu/MediaLit/mlr/home）以美国俄勒冈大学为基地，是媒体素养在线资源的主要来源，包含了各种媒体素养机构、课程计划、培训计划和全球事件的链接。

■ 新墨西哥州媒体素养项目（New Mexico Media Literacy Project, www.nmmlp.org）在鲍勃·麦克卡农的指导下，在美国新墨西哥州开发并实施了一门有效的媒体素养课程，现在被全世界成千上万的学校所采用。除了上述课程外，还可以提供几种产品：名为《试试媒体素养》的视频以及几张光盘，包括《了解媒体和媒体素养》。此外，新墨西哥州媒体素养项目还为所有感兴趣的人举办研讨会、演讲以及培训课程。

■ 注意项目（Project Look Sharp, www.ithaca.edu/looksharp）是一个推广和支持将媒体素养结合到所有年级以及教学领域的课堂教学中的倡议，并对学校媒体素养教育的有效性进行评估。

● 支持，支持，支持！通过自身参与和为倡导媒体对社会负责的组织捐款，你将权力赋予他们帮你发言，将一致且有力量的信息传递给有能力做出持久改变的人，不管这变化大或小。你可以支持上述团体，下面列举的这些机构同样也需要你的参与、投入和经济支持：

■ 报告的公平性和准确性（Fairness and Accuracy In Reporting [FAIR], www.fair.org）致力于监督媒体和媒体偏见事件。

■ 呼吁负责人媒体的公民联盟（Citizens Coalition for Responsible Media, www.fairpress.org）是一家媒体监督机构。通过紧密追踪关键事件、监督媒体表现、基层活动、利用购买和说服的力量，致力于：（1）揭露媒体偏见和欺诈；（2）施加压力促使媒体改革；（3）当人们面临持续的偏见、不准确或不公平时，指导他们选择更可靠的新闻来源。

■ 独立媒体中心（Independent Media Center, www.indymedia.org）是一个独立媒体机构和成百上千记者的集体，提供基层、非公司企业的报道。

■ AlterNet网（www.AlterNet.org）是一个独立媒体项目，提供各种关乎社会未来重要事件的新闻、观点以及调查报告。

■ 新维度广播（New Dimensions Radio, www.newdimensions.org）是一家独立、听众赞助的公共广播、短波以及互联网节目制作和发行商，致力于从各种传统和文化中展现不同的观点。

■ 真相大白（Truth Out, www.truthout.org）是一种另类的新闻来源，为全球事件提供关键新闻和评论。

■ 美国关机联盟（The TV Turnoff Network, www.tvturnoff.org）是一家非营利性机构，鼓励孩子和大人少看电视，推广更健康的生活和社区。

● 支持其他倡导负责任媒体的团体，不管是花费时间参与还是拿出你的支票本捐助,并鼓励社区的其他人也这样做。其他机构还有现在为儿童(Children Now)、少年联盟(Junior League)、家长教师协会(Parent-Teacher Association)以及媒体教育中心(Center for Media Education)。

- 如果你是一位会众成员,教堂或犹太教教堂的领袖,讨论找到方式去支持或组织推广负责任的利用媒体的运动。
- 与社区的关键活动者一起组织和推广"关掉电视周"的活动,或者参加国家每年4月举办的"关掉电视周"。

你能想象我们不仅可以培养自己的孩子成为他们选择的主人——这样他们就能做出尊重正确价值观的选择——并且可以用正面的信息替代外界不良的信息吗?这是我们可以拥有和实现的梦想。并且当我们实现这个梦想时,我们独立自主的孩子已经在一个英雄辈出的世界过他们自己的日子了。

结　论

　　现在我们已经准备好将自己的孩子送到他们迈向独立自主的旅程上了。虽然看起来我们好像停止了自己的工作，但培养独立自主的孩子实际上要比我们长大过程中习惯了的传统养育方式变得更加容易。旧的方式让我们在黑暗中摸索，抱着一线希望，希望我们的孩子能够完整健全地长大。但就像向一个装满鱼的水桶射击一样，命令式的育儿方式多具有很大的偶然性。有时候会成功，有时候不会。不幸的是，我们失败的时候经常是我们最需要成功的时候。而激发内在独立的育儿方式就如同一盏照亮我们前进道路的一千万瓦特的明灯，为我们提供了前面多少代家长都错过的机会。

　　还有更多的理由让我们接受挑战去培养一家子，甚至整个世界独立的人，而不是袖手旁观并且沿着规划好的路线继续前进：

- 我们将看到很多家庭承受的冲突和敌意消失不见了。
- 和自己孩子的关系将变得富有爱意、平和以及充满成就感。
- 由于不再要求完美的育儿，这种方式不那么苛刻，压力也不那么大了。一旦孩子们体验到很尊重地指引他们迈向自我掌控的育儿方式，这些成长中的人将认识到我们在他们是谁这方面犯的错误。没有这些附加的压力，育儿就成了一种享受而不是负担。

- 这对我们的孩子以及整个家庭的效果太明显了，在数周内育儿已经成为一件令人愉悦的事情，更加激励我们信心满满地将这种变化持续下去。回到老路则看起来是一个艰难而令人不快的选择。
- 放弃不再是一种选择。将孩子的内在独立激发出来永远都为时不晚。我亲眼见到自己十几岁的孩子身上发生了巨大的变化，不比小一点儿的孩子差。
- 这或许是我们第一次为孩子提供另外的方式去做选择和赢得认可。并且当他们看到这种新的、自主的决策过程到底是怎么回事，他们就会毫不犹豫地放弃过去靠外界指引的旧方式。
- 放弃管理或控制而选择指引能让孩子们感觉更好。没有权力斗争、没有模糊且经常变化的限制、不再需要他人帮助自己做选择和生活，孩子们的感觉将会更好。
- 相信自己的孩子让人感觉很奇妙。并且，由于这种信任，我们对把好好长大的大部分责任下放到孩子身上感到放心。养育不再是负担和耗费时间的代名词。
- 当我们培养孩子去激发自己的独立性时，我们对他们做选择的方式、他们选择被指引的方式太了解了，然后我们开始在自己的朋友、邻居、亲戚、电视节目或电影中的人物——最终是在我们自己身上也看到了同样的情景。基于这样的了解，我们也将变得更加自主。我们也将开发自己的内在力量，激发自己的内在独立性。

成为培养独立孩子的家长也有个人的理由。但不要把我说的话当作理由。我建议你接受挑战，尝试两个星期。在这段时间，清除一切指令和否定，尝试把逻辑或自然结果作为首要的策略。你将对整个家庭以及孩子的变化感觉印象深刻——内在力量已经渗透到家庭以及每个成员的灵魂之中了。这就是说，亲子关系和孩子教育都变成了我们最大的礼物、奋斗目标以及一切。

在我们的面前有一个我们不能忽略的机会——发现每个孩子内在宝藏的机会。作为家长的我们将决定自己是否能成为变化的催化剂，致力于帮助孩子发挥他们全部的潜能，成为独立、有责任感、自信、热情、有道德的人。

敢于走出我们自家的白色篱笆，穿过篱笆包围的稳定、安全以及不显露身份的界线，我们就能一起建立一个充满独立的世界。要做出这种一百八十度的转变，我们必须问问自己：我们是否仍认为孩子们是无助的、不可救药的？或我们是否在人类历史上第一次相信他们？处在和平或争执的边缘时，结果完全取决于我们决定采取什么样的态度。我们是世界未来主人的家长，只有我们才能选择人类将走哪条道路，并且，由于我们如此深爱自己的孩子，我们将会做出明智的选择。

了。这就是说，亲子关系和孩子教育都变成了我们最大的礼物、奋斗目标以及一切。

在我们的面前有一个我们不能忽略的机会——发现每个孩子内在宝藏的机会。作为家长的我们将决定自己是否能成为变化的催化剂，致力于帮助孩子发挥他们全部的潜能，成为独立、有责任感、自信、热情、有道德的人。

敢于走出我们自家的白色篱笆，穿过篱笆包围的稳定、安全以及不显露身份的界线，我们就能一起建立一个充满独立的世界。要做出这种一百八十度的转变，我们必须问问自己：我们是否仍认为孩子们是无助的、不可救药的？或我们是否在人类历史上第一次相信他们？处在和平或争执的边缘时，结果完全取决于我们决定采取什么样的态度。我们是世界未来主人的家长，只有我们才能选择人类将走哪条道路，并且，由于我们如此深爱自己的孩子，我们将会做出明智的选择。

参考文献

前言

公共议题（Public Agenda），说比做容易得多：父母谈论在现在的美国养育孩子（A Lot Easier Said Than Done: Parents Talk About Raising Children in Today's American）（2002），www.publicagenda/specials/parents/parents.htm.

第2章

Kyra Auffermann，"怎么回事儿：学生持续参加志愿服务，即使没有要求"（What's Up: Students Continue Volunteering, Even When It's Not Required）（2003年4月25日），www.andovertownsman.com.

David Berliner，《制造危机：美国公立学校的神话、欺骗和攻击》（The Manufactured Crisis: Myths, Fraud, and Attack on America's Public Schools），Reading, Mass: Addison-Wesley，2000年.

数字研究公司（Digital Research，Inc），公司新闻（1999年），www.digitalresearch.com.

Neil Howe, William Strauss，《千年一代：新世代》（Millennials Rising: The Next Great Generation），纽约：古典书局，2002年

亲子新闻资讯（Parent-Teen News Updates），尼克国际儿童频道——时代杂志调查（Nickelodeon-Time Magazine Survey）（2002年8月2日），www.parent-teen.com/news.html。

Barbara Schneider and David Stevenson，《有抱负的一代：有上进心但没有方向的美国青少年》（*The Ambitious Generation: American's Teenagers, Motivated but Directionless*），康涅狄格州纽黑文市：耶鲁大学出版社，1999年

H. H. Sung, Morrison A.M., Hong G.-S., O'Leary J.T.，"家庭和旅行特征对旅行类型的影响：分割美国国内休闲旅游市场的消费者行为方式"（The Effects of Household and Trip Characteristics on Trip Types: A Consumer Behavioral Approach for Segmenting the U.S. Domestic Leisure Travel Market），酒店与旅游研究杂志，卷1（2001）：46-68

美国周末杂志，青少年调查（1999年），www.usaweekend.com/。

Gaddi Vasquez, 维和部队在线：维和部队新闻（2003年3月26日），www.peacecorpsonline.org/。

Peter Zollo，《了解青少年：洞察针对青少年的营销与广告》（*Wise Up to Teens: Insights into Marketing and Advertising to Teenagers*），纽约伊萨卡：新战略家出版社

第3章

Frank Furedi，《偏执的育儿：为什么忽略专家可能对您的孩子最好呢》（*Paranoid Parenting: Why Ignoring the Experts May Be Best for Your Child*），芝加哥：芝加哥评论出版社

Neil Howe, William Strauss，《千年一代：新世代》（*Millennials Rising: The Next Great Generation*），纽约：古典书局，2002年

Daniel J. Kindlon,《过多好事反成坏事：在放纵的时代培养孩子的性格》(*Too Much of a Good Thing: Raising Children of Character in an Indulgent Age*)，纽约：亥伯龙出版公司，2001年

公共议题（Public Agenda），"说比做容易得多：父母谈论在现在的美国养育孩子"（A Lot Easier Said Than Done: Parents Talk About Raising Children in Today's American（2002），www.publicagenda/specials/parents/parents.htm.

第4章

品格关注联盟（Character Counts! Coalition），美国年轻人的道德，2002工作报告：过去十年道德败坏的调查文件，约瑟夫森伦理研究所（Josephson Institute of Ethics），www.josephsoninstitute.org/Survey2002/survey2002-pressrelease.htm.

Sumana Chatterjee，"年轻美国人滥用药物的高峰"（Young Americans' Drug Use Spikes），休斯顿纪事报，2002年9月6日

Steve Farkas 和Jean Johnson，"恶化的环境：关于美国粗鲁无礼状态的研究"（Aggravating Circumstances: A Status Report on Rudeness in Ametica），公共议题（Public Agenda）（2002年），www..publicagenda.org/.

四国儿童政策网（Four Nations Child Policy Network），青年犯罪研究和数据（2002年），www.childpolicy.org/.

Frank Furedi,《偏执的育儿：为什么忽略专家可能对您的孩子最好呢》(*Paranoid Parenting: Why Ignoring the Experts May Be Best for Your Child*)，芝加哥：芝加哥评论出版社

哈里斯郡精神病治疗中心（Harris County Psychiatric Center），"哈里斯郡精神病治疗中心为您提供方法辨别和处理童年抑郁症"（HCPC Offers Tips to Recognize, Handle Childhood Depression),德克萨斯医疗中心新闻报199年第15期(1999年8月15日)

David Hornbeck以及青少年教育工作小组,《转折点:为21世纪准备好美国年轻人》(Turning Points: Prearing American Youth tor the Twenty –first Century),纽约:卡内基委员会未成年发展,1989年

Neil Howe, William Strauss,《第十三代:流产、重新尝试、忽略,还是失败?》(Thirteen Gen: Abort, Retry, Ignore Failure?),纽约:蓝登书屋,古典书局

Daniel J. Kindlon,《过多好事反成坏事:在放纵的时代培养孩子的性格》(Too Much of a Good Thing: Raising Children of Character in an Indulgent Age),纽约:亥伯龙出版公司,2001年

Suniya S. Luthar和E. Bechker Bronwyn,"有特权但也有压力:关于赋予年轻人的调查"(Privileged but Pressured: A Study of Affluent Youth),儿童发展,73,第5期(2002年9/10月)

Wendy Mogel,《擦伤膝盖的眷顾:用犹太人的育儿方式培养独立的孩子》(The Blessing of Skinned Knee: Using Jewish Teachings to Raise Self-Reliant Children),纽约:美国企鹅出版集团,2001年

MyGroupHealth,"测试你对青少年滥用药物的了解"(Test Your Knowledge of Teen Drugs),2004年,www.ghc.org/features/.

公共议题(Public Agenda),"说比做容易得多:父母谈论在现在的美国养育孩子"(A Lot Easier Said Than Done: Parents Talk About Raising Children in Today's American(2002),www.publicagenda/specials/parents/parents.htm.

James P. Steyer,《第三位家长:媒体对我们孩子影响的内幕》(The Other Parent: The Inside Story of the Media's Effect on Our Children),纽约:心房图书出版社,2002

毒品滥用和精神健康服务管理局（Substance Abuse and Mental Health Administration），"寻找数百万拒绝承认滥用毒品美国人的年度家庭调查"（Annual Household Survey Finds Millions of Americans in Denial about Drug Abuse）（2001年），美国健康和人类服务部，www.samhsa-gov/news/content/2001nhsda.hem.

第5章

Joseph Carroll，"家长/青少年关系：悲伤在哪里？"（Parent/Teen Relation: Where's the Grief?）盖洛普青年调查，www.gallup.com/.

Pamela Haag，《一代人的声音：少女对于性、学校和自我的认识》（Voices of a Generation: Teenage Girls on Sex, School, and Sex），华盛顿：美国大学女性协会

凯撒家庭基金会和尼克国际儿童频道，"与孩子谈论棘手的问题"（Talking with kids About Tough Issues）（2001年），www.talkingwithkids.org/.

Daniel J. Kindlon，《过多好事反成坏事：在放纵的时代培养孩子的性格》（Too Much of a Good Thing: Raising Children of Character in an Indulgent Age），纽约：亥伯龙出版公司，2001年

Karen Kittredge and Alice R. McCarthy，"同龄压力：现在的孩子们面对很多前所未见的压力，不仅仅来自同龄人"（Peer Pressure: Today's Youth Face Pressures from Many Unprecedented Factors, Not Only Peers），布朗大学儿童与未成年行为报，16，第6期（2000年6月），www.childresearch.net/cybrary/news/200006.htm.

Alfie Kohn，《真正的学校》（The School Our Children Deserve），纽约：米夫林出版公司，2000年

Robert Putnam,《一个人打保龄》(*Bowling Alone*),纽约:西蒙与舒斯国际出版公司,2001年

第8章

Stephen R. Covey,《高效家庭的七个习惯》(*The Seven Habits of Highly Effective Families*),纽约:金色图书成年人出版社

第9章

Jay McCraw,《青少年生活策略》(*Life Strategies For Teens*),纽约:炉火出版社

第10章

迈尔斯-布里格斯性格分类指标(Myers-Briggs Type Indicator),www.personalitypage.com/.

Jane Norman,建立高效的青少年—成人伙伴关系,过渡14版,第1期(2001年10月),www.advocatesforyouth.org/publication/transitions/transitions1401.htm.

第11章

William Kilpatrick, Gregory and Suzanne Wolfe,《培养性格的图书:指导您通过故事教给孩子道德价值》(*Books That Build Character: A Guide to Teaching Your Child Moral Values Trough Storie*s),纽约:西蒙与舒斯国际出版

公司，试金石出版社，1994年

Wendy Lesko，《最大化青年参与：社区活动的完整行动方案》（*Maximum Youth Involvement: The Complete Gameplan for Community Action*）（2003年），www.youthactivism.com/myitoc.htm.

Elana Yonah Rosen, Arleta Paulin Quesada和Sue Lockwood Summers，《通过媒体教育改变世界：一种全新的媒体教育课程》（*Changing the World through Education: A New Media Education Curriculum*），金色的科罗拉多州：支点出版社，试想想基金会

James P. Steyer，《第三位家长：媒体对我们孩子影响的内幕》（*The Other Parent: The Inside Story of the Media's Effect on Our Children*），纽约：心房图书出版社，2002